ESO

Composición, espacio y volumen

Educación Plástica, Visual y Audiovisual. Graphos C

Autores
Eugenio Bargueño Gómez
Mercedes Sánchez Zarco
Begoña Sainz Fernández

W0252055

MADRID - BARCELONA - BOGOTÁ - BUENOS AIRES - CARACAS - GUATEMALA
MÉXICO - NUEVA YORK - PANAMÁ - SAN JUAN - SANTIAGO - SÃO PAULO
AUCKLAND - HAMBURGO - LONDRES - MILÁN - MONTREAL - NUEVA DELHI - PARÍS
SAN FRANCISCO - SIDNEY - SINGAPUR - SAINT LOUIS - TOKIO - TORONTO

Todos los ejercicios deben realizarse en el cuaderno, no en el propio libro de texto.

McGraw-Hill/Interamericana de España, S.L.
Edificio Valrealty, 1.ª planta
Basauri, 17
28023 Aravaca (Madrid)

ISBN: 978-84-486-1031-9
Depósito legal: M-11311-2016

Editora del proyecto: María Justicia González
Editor: Esfera, SL
Diseño de cubierta e interior: Mar Nieto
Maquetación: Auvi, SL
Fotografías: Age Photostock, Album, Cordon Press, Getty Image, Quick Image, archivo McGraw-Hill
Ilustraciones: Olga Pérez, Ana Hernández, Guillermo Esteban, Pablo Vázquez
Impreso en: Gómez Aparicio Grupo Gráfico

IMPRESO EN ESPAÑA - PRINTED IN SPAIN

Tabla de contenidos

Composición, espacio y volumen

4 La composición

Contenidos

1. La composición como método.
2. Elementos dinámicos en la composición.
3. Leyes de composición.
4. La composición en la escultura.
5. Métodos de análisis.

Competencias básicas

En esta unidad trabajaremos las siguientes competencias:

1. Comunicación lingüística.
2. Matemática.
4. Tratamiento de la información y competencia digital.
6. Cultural y artística.
7. Aprender a aprender.
8. Autonomía e iniciativa personal.

Aprenderás a:

Una imagen artística es el resultado de una actividad creativa que se apoya en el conocimiento que tenemos de la naturaleza, de la realidad y del pensamiento. La primera fuente de información está, por lo tanto, en la comprensión organizativa de nuestro entorno.

Una imagen se hace comprensible cuando es fácil de leer. Entendemos su mensaje si sus elementos visuales están organizados con una estructura compositiva, es decir, cuando tienen una organización tal, que favorece no solo comprender su intención, sino sentir las sensaciones que ésta transmite.

La realización de una imagen bidimensional (en pintura, dibujo, fotografía, cómic, etc.) o tridimensional (en arquitectura, escultura o espacios escénicos) supone colocar los elementos visuales que la conforman según unos condicionantes funcionales y estéticos.

Aunque la manera de componer no se sujeta a normas rígidas ni fórmulas mágicas, sí se pueden estudiar y analizar las relaciones establecidas por artistas de diferentes periodos, y experimentar sus infinitas posibilidades en nuestras propias obras.

En esta unidad vamos a estudiar y analizar los factores que intervienen en la composición de una imagen. Experimentaremos con diferentes criterios y medios en nuestras propias producciones con intenciones concretas de expresividad y comunicación.

Una película

Clouzot, Henri-Georges, *El misterio Picasso*, 1956.

En esta película puedes contemplar la técnica y el modo de trabajar de uno de los mayores genios del arte del siglo xx: Pablo Ruiz Picasso. Está filmada en su estudio y trata de la génesis de una de sus obras, paso por paso, pincelada a pincelada.

Una web

Óleo I y óleo II

Busca en Youtube los vídeos del canal Educa Thyssen, Óleo I y Óleo II.

Estos dos vídeos te permitirán aprender a realizar tus propios óleos caseros y empezar a trabajar con ellos de una manera práctica y sencilla.

Un libro

Ganz, Nicholas (2006): *Graffiti, arte urbano de los cinco continentes*. Barcelona, Gustavo Gili.

En este libro podrás encontrar más de 2 000 imágenes de *graffiti* de los últimos años. Podrás conocer las últimas tendencias y las causas por las que este tipo de manifestación se da como fenómeno en todo el mundo.

1. La composición como método

Componer los elementos de una imagen supone un modo de obrar, un método de trabajo con el que se investigan las posibles soluciones que se pueden dar en una imagen hasta lograr aquella que se ajusta más al propósito buscado.

Recuerda

Cuando el centro visual o punto de interés se sitúa en el centro del plano básico se transmite sensación de orden y equilibrio, puesto en un extremo genera tensión e inestabilidad, y colocado en un margen, causa movilidad y desplazamiento.

1.1 El conjunto visual

La composición de un conjunto visual es la manera de ordenar y colocar los elementos que aparecen en la imagen, sobre un soporte o espacio compositivo, conocido como **plano básico.** Componer es, por lo tanto, organizar armónicamente los elementos plásticos de una imagen, estableciendo relaciones de *orden* y de *unidad* entre ellos, y formando un solo conjunto visual.

Figura 4.1. Rousseau, *The pink candle,* 1909-1910.

El **orden** de una composición es el medio por el que se elige y selecciona el tipo de relación entre los diferentes elementos, la forma, el color y la textura. Una imagen está ordenada cuando cada uno de sus elementos está situado en el lugar que le corresponde según su importancia.

La jerarquía entre las formas más importantes y las menos llamativas o relevantes dota a una composición de **unidad.** Es decir, permite una visión global de la obra y facilita la comprensión del mensaje en su lectura.

En la obra *La vela de color rosa* (Fig. 4.1), los elementos aparecen ordenados y distribuidos según su importancia, el color rosa de la vela está situada en el centro y simboliza lo femenino, los elementos situados a ambos lados nos muestra la delicadeza y belleza de los frutos que se convierten en un licor que embriaga y puede encender la vela.

1.2 Centro visual

El interés visual de una imagen surge de la diferencia que se genera entre sus elementos, es decir, del contraste y de las tensiones que se producen al relacionarse entre sí. Cada elemento tiene una función compositiva con diferentes grados de importancia; de entre todos ellos, el más llamativo es el conocido como *elemento resaltante,* que señala la ubicación de la zona de máxima atención o **centro visual** (Fig. 4.2). Los demás elementos están *subordinados* y contribuyen a reforzar la unidad compositiva completando su significado.

Figura 4.2.
Gustav Klimt, *El beso,* 1907-1908.

1.3 Percepción de la *Gestalt*

La escuela de psicología de la *Gestalt* descubrió que el ojo humano solo puede percibir un número limitado de elementos. Nuestro sistema de visión percibe primero la imagen como conjunto visual, y después descifra los elementos que la componen. Por esta razón, cuando en una composición aparece un excesivo número de figuras o elementos y el ojo no es capaz de construir la imagen, su observación resulta incómoda y desagradable, hasta el punto de ser rechazada.

Figura 4.3. Lubin Baugin, *Nature morte à l'échiquier-Naturaleza muerta con tablero de ajedrez,* siglo XVII.

Relación de las figuras entre sí

Para poder percibir todas las figuras de una imagen, en nuestro cerebro se establecen una serie de relaciones perceptivas. Estas relaciones suceden según unas leyes que explican cómo se agrupan los elementos de un conjunto visual, en función de sus características de forma, textura, color y colocación.

Entre las leyes más importantes están las siguientes:

- **Ley de la proximidad:** el cerebro forma grupos con los elementos que aparecen situados más próximos entre sí (Fig. 4.3).
- **Ley de la semejanza:** los grupos se forman por elementos que presentan características semejantes de tamaño, forma, textura y color (Fig. 4.4).
- **Ley de la continuidad:** opera cuando los elementos se colocan ordenados en una misma dirección, o de tal manera que se perciben como un grupo que configura una forma nueva o un elemento diferente (Fig. 4.5).

Figura 4.4. Juan Sánchez Cotán, *Naturaleza muerta con frutos,* hacia 1602.

Figura 4.5. Giuseppe Arcimboldo, *La primavera,* 1563.

Figura 4.6. Chaim Soutine, *El botones,* 1925.

Relación entre las figuras y los espacios vacíos

Las formas de una composición pueden percibirse como figura o como fondo dependiendo de su importancia visual. Las figuras que aparecen en una composición deben mantener cierta relación entre el espacio que ocupan y las zonas libres. Una forma de establecer estas relaciones consiste en valorar los espacios vacíos como si fueran figuras y no fondos. Estas relaciones pueden ser, entre otras, las siguientes:

- **Figura-fondo:** una figura suele ser más relevante que un fondo, ya que tiene mayor significado comunicativo, y se percibe por la visibilidad de su contorno y el contraste con el fondo. En la obra *El botones,* realizada por Soutine (Fig. 4.6), la figura aparece diferenciada del fondo, el protagonismo lo tiene el cromatismo fovista del uniforme y la expresividad del rostro.
- **Ley del contraste:** un elemento se percibe con mayor claridad cuanto más se diferencie de los demás elementos por su forma, tamaño, textura, color, etc. De todos los elementos que aparecen en la obra de Munter *Paseo por el Sena* (Fig. 4.7) las mujeres con vestido blanco llaman más la atención, eso es debido al contraste de color y de valor con respecto al otro personaje (la acompañante) y al paisaje de fondo.
- **Formas ambiguas:** son aquellas que se pueden ver alternativamente como figuras y como fondo. Se percibe primero aquella que reconocemos según nuestra experiencia. En *El guardián* de Vasarely (Fig. 4.8) se perciben dos figuras entremezcladas de manera que el espectador puede cambiar la visión de una a otra haciendo que una de ellas sea figura y la otra se convierta en fondo.
- **Inclusividad:** la figura comparte características gráficas con el fondo, de manera que percibirla aislada supone un esfuerzo. Observa cómo en la obra de Morgner (Fig. 4.9) las líneas y los colores entremezclan las figuras con el fondo.

Figura 4.7. Gabriel Munter, *Paseo por el Sena,* 1904-1906.

Figura 4.8. Victor Vasarely, *El guardián,* 1944.

Figura 4.9. Wilhelm Morgner, *Einzug in Jerusalem (Entrada en Jerusalén),* 1912.

2. Elementos dinámicos en la composición

Para contemplar y leer una imagen con facilidad es necesario que los elementos de la composición estén ordenados buscando un equilibrio. En una composición equilibrada, la forma, textura, color, dirección y colocación de los elementos es tal que no parece posible hacer ningún cambio.

2.1 Equilibrio

El equilibrio es el estado de una composición cuyos elementos mantienen su relación sin que les afecten las fuerzas que actúan sobre ellos. Se produce cuando la atracción visual de los elementos que aparecen en ella se compensan. Se trata, pues, de la justa medida de todos sus valores.

Existen diferentes maneras de obtener equilibrio:

- **Igualdad:** se da cuando los movimientos internos son iguales (Fig. 4.10). Observa las dos hermanas de Chassériau (Fig. 4.11): son iguales en tamaño, color y textura, una a cada lado del plano básico.

Figura 4.11. Théodore Chassériau, *Las hermanas del artista*, 1843.

Figura 4.10.

- **Equivalencia:** se puede equilibrar una composición colocando a un lado dos figuras semejantes a otra colocada sola al otro lado, ya que el peso visual de las dos formas será equivalente (Fig. 4.12). Observa cómo en *La rueda de la fortuna* (Fig. 4.13) Burne-Jones establece una equivalencia entre la dos figuras masculinas y la femenina.

Figura 4.13. Edward Burne-Jones, *La rueda de la fortuna,* 1980-1983.

Figura 4.12.

- **Contrapeso:** para equilibrar una composición formada por dos figuras muy diferentes se puede colocar la más pequeña separada del centro (Fig. 4.14). En la obra de Chavannes (Fig. 4.15), la composición está equilibrada por el contrapeso del pescador con dos figuras más pequeñas, la de su mujer y su hijo.

Figura 4.15. Pierre Pubis de Chavannes, *El pobre pescador,* 1881.

Figura 4.14.

Figura 4.16.

Figura 4.17. Fernand Khnopff, *En fosset (Bajo los abetos)*, 1894.

2.2 Peso visual

El equilibrio de una composición depende en gran medida del peso visual de los elementos que la configuran. Un elemento puede variar su peso si cambia su tamaño, forma, color o textura. Cuando una forma cambia su peso, la composición se desequilibra y se hace necesario volver a equilibrar el espacio estableciendo nuevas relaciones.

- **Tamaño:** como es lógico, un elemento grande pesa más que uno pequeño, pero hay ocasiones en las que un mismo elemento con diferentes tamaños tiene el mismo peso visual. Esto sucede cuando se transmite la sensación de profundidad; en este caso, los elementos pequeños se entienden como más alejados (Figs. 4.16 y 4.17).
- **Forma:** las formas geométricas y cerradas dan sensación de lejanía y mayor peso visual que las formas orgánicas con entrantes y salientes que se aproximan y dan la sensación de pesar menos (Fig. 4.18).
- **Color:** los colores cálidos, oscuros y poco saturados pesan más que los fríos, claros y saturados o puros; de esta manera, un color magenta muy saturado pesa menos que un granate, y un color verde oscuro pesa más que uno claro (Fig. 4.19).
- **Textura:** cuando una superficie no muestra textura o es homogénea y lisa, su peso visual es mayor que si tuviese una textura visual o táctil. Cuando la superficie tiene una materia densa y su color es oscuro, pesa más que las superficies porosas, claras y con transparencias, que pesan menos y dan la sensación de aproximarse (Fig. 4.20).

En la obra *Ráfaga n.º 1* (Fig. 4.21), Gottlieb ha jugado con el peso visual de esta dos formas teniendo en cuenta su forma, color y textura. En la obra aparece una forma geométrica circular que se aleja y otra orgánica e irregular que se aproxima. El color negro tiene a su vez más peso visual que el color rojo. Si observas, la textura de la superficie roja es más homogénea que la negra. Como consecuencia de estas características, ambas formas contrarrestan su peso visual creando tensión en su equilibrio.

Figura 4.21. Adolph Gottlieb, *Ráfaga n.º 1*, 1957.

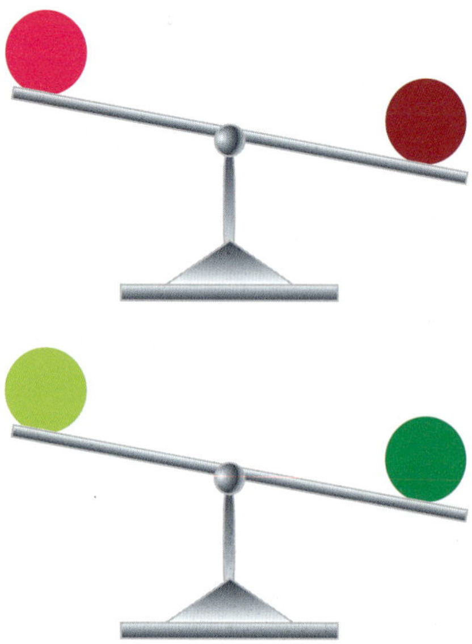

Figura 4.18.

Figura 4.19.

Figura 4.20.

2.3 Líneas de fuerza

Las líneas de fuerza son un medio de ordenación de los elementos compositivos, e indican direcciones visuales que producen movimiento y dinamismo en una imagen.

La función más importante de las líneas de fuerza consiste en establecer con sus direcciones una jerarquía del plano básico, y unir de manera ordenada los diferentes elementos de una composición. Estas direcciones creadas son, por lo tanto, esenciales para obtener unidad compositiva y visión de conjunto. En la obra *Madona de Port Lligat,* de Salvador Dalí (Fig. 4.22), las líneas de fuerza nos llevan a comprender la relación entre la madre, el hijo y el mensaje de divinidad contenido en la concha del bautismo y el huevo, como creación de una vida nueva.

Existen tres tipos de líneas de fuerza: inducidas, representadas y guiadas.

- **Líneas inducidas** (Fig. 4.23): son internas y dependen de la estructura y la colocación de los elementos. Se pueden apreciar en ejes de simetría y dirección de las miradas de los personajes. Generalmente, estas direcciones visuales conducen la atención al centro visual de interés.
- **Líneas representadas** (Fig. 4.24): aparecen en los contornos de las figuras, en contrastes cromáticos y en luces y sombras. Su dirección suele reforzar la estructura compositiva.
- **Líneas guiadas** (Fig. 4.25): vienen determinadas por la jerarquía de las formas, y marcan la dirección en que se debe leer la imagen. Generalmente se empieza en el centro visual de interés, pasando a los elementos subordinados de mayor a menor importancia.

Figura 4.22. Salvador Dalí, *Madona de Port Lligat (primera versión),* 1949.

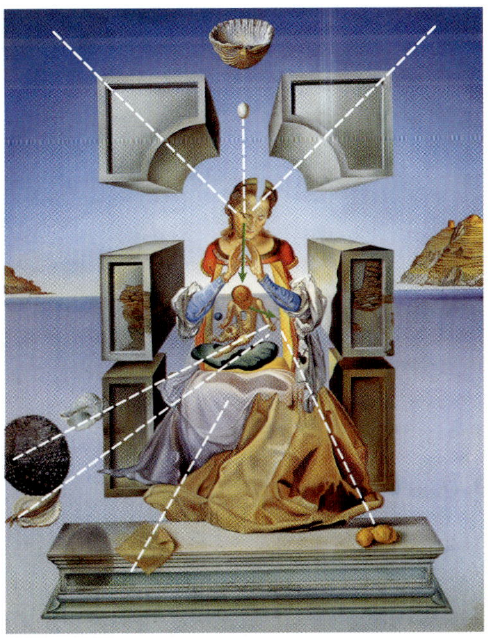

Figura 4.23. Líneas inducidas.

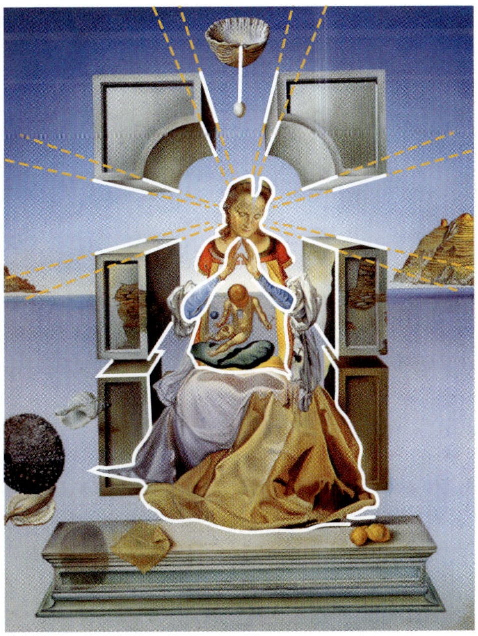

Figura 4.24. Líneas representadas.

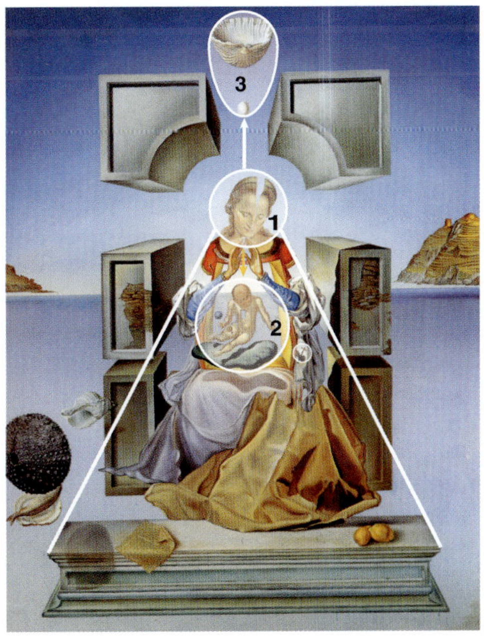

Figura 4.25. Líneas guiadas.

2.4 Movimiento

Figura 4.26. Néstor Martín Fernández de la Torre, *Pleamar, Poema del Atlántico,* 1922.

La representación del movimiento produce composiciones dinámicas. Son imágenes con tensiones internas, provocadas por la orientación y la interrelación de líneas, formas y volúmenes, con contrastes de luces, de colores y con texturas que crean diferentes direcciones visuales (Fig. 4.26).

2.5 Velocidad

Si movemos con velocidad un brazo podemos observar el rastro que deja a su paso: es como si viésemos varios brazos simultáneos. En el cómic se utiliza la representación repetida de un elemento para expresar movimiento, que se refuerza con líneas cinéticas.

Para representar la velocidad en una composición se debe tener en cuenta que un movimiento parece más lento si se coloca en un espacio abierto y en la lejanía que si se genera sobre un espacio cerrado y cercano.

Cuando viajamos y miramos por la ventanilla observamos que los objetos lejanos se mueven más despacio que los cercanos. La sensación de velocidad se acentúa cuando el movimiento se produce cerca de los márgenes del plano básico, y deja pocos espacios vacíos. Un movimiento que ocupa poco espacio y se aleja de estos márgenes disminuye su velocidad.

El Futurismo es un movimiento pictórico del siglo XX preocupado por representar el movimiento y la velocidad en sus obras utilizando estos recursos. En la obra de Giacomo Balla (Fig. 4.27) podemos observar la repetición de los elementos que están en movimiento reforzado con líneas cinéticas. En su obra *Quelli che Vanno-Stati d'animo I* (Fig. 4.28), Boccioni utiliza las líneas entremezcladas con los personajes para mostrar el movimiento y el ritmo lo refuerza con el contraste de tonos superpuestos en los trazos.

Figura 4.27. Giacomo Balla, *Dinamismo de un perro con una correa,* 1912.

Figura 4.28. Umberto Boccioni, *Quelli che Vanno-Stati d'animo I (los que van, los estados de la mente I),* 1911.

2.6 El ritmo

El **ritmo** es un elemento activo en la estructura de una composición. Con él se puede obtener equilibrio y producir diferentes efectos dinámicos. El ritmo como elemento dinámico de una imagen solo se puede percibir intelectualmente, ya que se trata de una abstracción que no solo combina el espacio y el tiempo, sino que conlleva la sensación armónica del movimiento.

El ritmo tiene dos componentes básicos: por un lado, la **cadencia** o repetición regular de un elemento, con una determinada periodicidad (Fig. 4.29). Y por otro lado, la **estructura,** que puede ir desde la combinación de repeticiones a la composición de grupos.

Figura 4.29.

Figura 4.30. Walter Crane, *Los caballos de Neptuno,* 1892.

Para que una imagen pueda ser considerada composición rítmica los elementos deben mantener una jerarquía en la que se alternan espacios ocupados y vacíos. En la obra de Crane (Fig. 4.30), estas jerarquías se producen por en centro de atención en Neptuno y el ritmo creado entre las figuras de los caballos, las olas y la playa.

Las relaciones rítmicas de una composición visual fija se pueden establecer con la forma, el color, la textura, la luz, etc., es decir, con todos los elementos del lenguaje visual.

El ritmo libre

En una composición con ritmo libre, el equilibrio se obtiene con la variedad de sus superficies, con grupos combinados o aislados de elementos semejantes y contrastados, con el color y la influencia de la luz, de manera que el conjunto presenta un equilibrio dinámico. La obra *Los paraguas,* de Renoir (Fig. 4.31), es un ejemplo de ritmo creado por las líneas de contorno y el contraste de colores claros y cálidos con las zonas más amplias y oscuras realizadas con tonos fríos.

Figura 4.31. Auguste Renoir, *Los paraguas,* 1881-1985.

Tipos de ritmo según su cadencia

El ritmo es una sucesión armónica de espacio ocupado, de espacio libre, de formas repetidas en una imagen. La dimensión del espacio vacío es la que marca la velocidad del ritmo: si es amplio, el movimiento es lento; si es pequeño, el dinamismo aumenta.

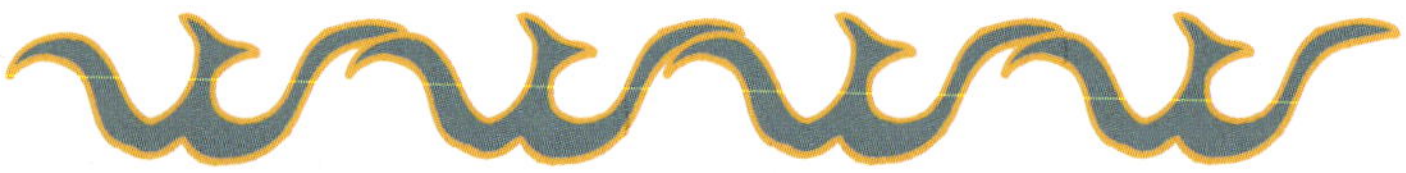

Figura 4.32.

Figura 4.33.

Figura 4.34. Ejemplo compositivo de ritmo continuo.

La sucesión de una o varias formas en el plano básico crea direcciones y trayectorias que distribuyen, articulan y reavivan la superficie con diferentes impulsos dinámicos. Estas trayectorias pueden tener direcciones horizontales, verticales, inclinadas, concurrentes, etc. (Fig. 4.35).

- **Ritmo uniforme:** se genera por la repetición regular y constante de una misma forma o unidad visual. Si se varía la distancia de los elementos cambia la velocidad, con espacios pequeños el ritmo es más rápido, y viceversa.
  - **Sucesión lineal:** los elementos que forman una trayectoria lineal crean un movimiento regular y rítmico, sin cambios.
  - **Sucesión ondulada** (Fig. 4.32): este ritmo produce un movimiento suave y flexible, con variaciones sugerentes y dulces.
  - **Sucesión quebrada** (Fig. 4.33): su movimiento es anguloso y rígido, con variaciones bruscas y duras.
  - **Sucesión continua:** estos ritmos son fluidos y constantes. Si la sucesión es curva por un lado y puntiaguda por otro se genera un contraste entre la tensión de una zona y la suavidad de otra. Observa esta cadencia en la composición de la Figura 4.34.

Figura 4.35. Ejemplo compositivo de ritmo lineal. Ferdinand Hodler, *La hora santa (6 figure)*, 1906-1907.

- **Sucesión binaria:** este ritmo se puede generar por la repetición regular y constante de dos elementos, o con una misma forma variando su tamaño, color o textura, siempre que se vayan alternando grande-pequeño, arriba-abajo, claro-oscuro, etc. (Fig. 4.36). Los ritmos binarios se pueden enriquecer si se hacen variaciones aumentando de manera regular el número de elementos, por ejemplo dos pequeñas-una grande, una arriba-dos abajo, tres amarillas-dos verdes, etc.

Figura 4.36.

- **Sucesión creciente y decreciente** (Fig. 4.37): estos ritmos surgen por la variación sucesiva de la forma, tamaño, color, colocación y textura de la figura o figuras que lo generan. El ritmo creciente es el que intensifica el peso visual de la figura aumentando de izquierda a derecha o de arriba abajo. El ritmo decreciente surge si el sentido de la variación es el contrario (Fig. 4.38). La alternancia de ambos compases genera un movimiento dinámico ondulado.

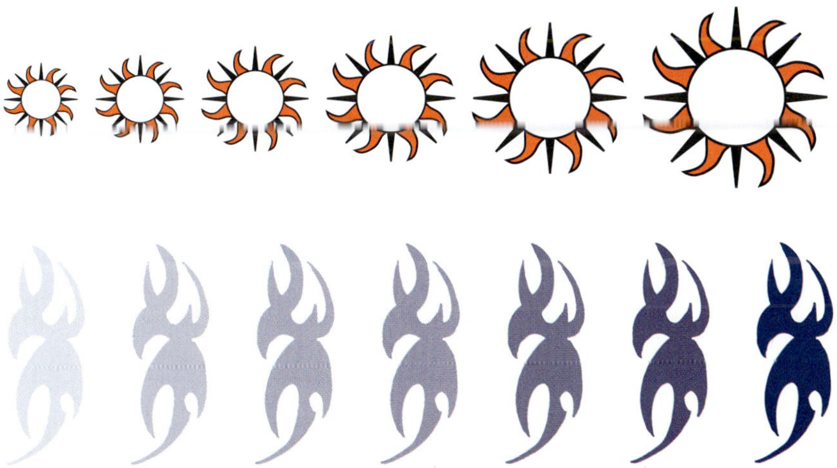

Figura 4.37.

Figura 4.38. Ejemplo compositivo de ritmo decreciente. Edward Burne-Jones, *La escalera de oro,* 1880.

2.7 La simetría

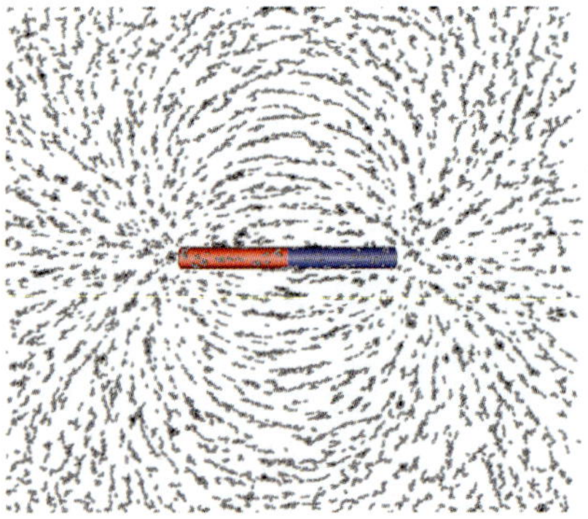
Figura 4.39.

Otro elemento dinámico de la composición es la simetría. Se trata de una manera de organizar los elementos en el plano básico, basada en la colocación regular de formas o figuras iguales o semejantes en función de un punto o una línea, que divide el espacio en partes iguales.

La simetría en la naturaleza

Las formas de la naturaleza se originan por la fuerza de la gravedad, del viento, de la lluvia, la temperatura, etc., que condicionan su crecimiento. Para que se produzca la forma simétrica, un grupo de estas fuerzas se debe oponer a otro combatiendo por configurar la forma de manera equilibrada (Fig. 4.39).

Cuando una sola fuerza, constante y previsible, somete a una forma natural, el resultado es una **simetría radial.** Es el caso de las flores con forma de radios: su disposición tiende a formar un círculo (Fig. 4.40). Del mismo modo, la forma de un copo de nieve queda organizada alrededor de un punto central (Fig. 4.41).

Figura 4.40.

Cuando dos fuerzas equilibradas, situadas a cierta distancia, ejercen una influencia similar a lo largo de una línea, la forma se hace bilateralmente simétrica, y se conoce como **simetría axial.** Este tipo de fuerzas es el que ha configurado la organización del cuerpo humano y de muchos animales (Fig. 4.42).

Figura 4.41.

Figura 4.42.

Tipos de composiciones simétricas

Existen dos procedimientos para lograr composiciones simétricas: la simetría axial y la radial.

La composición **simétrica axial** consiste en colocar elementos iguales o semejantes distribuidos a ambos lados de un eje imaginario, situado en la mitad del soporte y denominado **eje de simetría.** Los elementos compositivos guardan la misma distancia al eje y tienen el mismo peso visual.

El eje puede ser horizontal, transmitiendo quietud y tranquilidad. Cuando el eje es oblicuo aumenta el dinamismo, perdiéndose la sensación de reposo. El eje vertical es el que mejor transmite la sensación de orden y equilibrio.

Con la simetría axial (Fig. 4.43), Félix Vallotton crea espacialidad al mismo tiempo que cierra y acota el espacio.

La **simetría radial** consiste en colocar elementos iguales o semejantes distribuidos en varios ejes que pasan por un punto común denominado **centro de simetría.** Estos ejes se disponen en forma de radios, y dividen el espacio en porciones radiales.

Gilbert & George hacen su pieza fotográfica *Puta vida* (Fig. 4.44) en disposición radial: se trata de una obra donde se contrastan sus imágenes (en blanco y negro) y la violencia de la calle, evocada a través del color rojo.

Figura 4.43.
Félix Vallotton, *Marée montante Le Soir (Mar durante la marea alta en la luz del atardecer),* 1915.

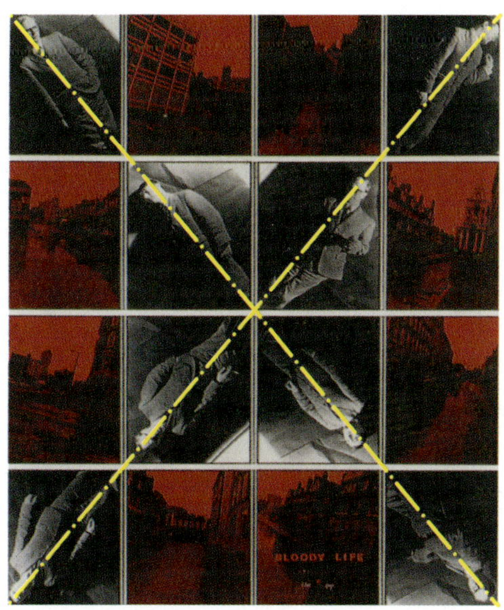

Figura 4.44.
Gilbert & George,
Puta vida, 1975.

2.8 La proporción

La idea que tenemos de belleza está directamente relacionada con la proporción, de hecho la proporción es considerada la relación de medida de la belleza y de la perfección.

De las formas

La proporción es un medio determinante para relacionar las dimensiones de los elementos que participan en una composición. Este aspecto cuantitativo de la proporción puede aplicarse también a la cantidad de color, textura, luminosidad, contraste, etc., de una composición y a la deformación o manipulación intencionada de las proporciones de una forma. Una forma de marcar el centro visual de una imagen es a través de los puntos de oro, basados en la proporción áurea. Estos puntos están situados en las intersecciones de las paralelas trazadas por las divisiones áureas (Fig. 4.45).

Si una figura aparece desproporcionada en una composición suele señalar el centro visual de interés y enfatizar su significado. De esta manera se varía el peso visual y la jerarquía de los elementos (Fig. 4.46).

Las variaciones de tamaño de determinados elementos pueden transmitir la sensación de profundidad en el plano básico. Si además le superponemos la estructura de los puntos de oro, descubrimos la importancia que pueden tener los espacios vacíos.

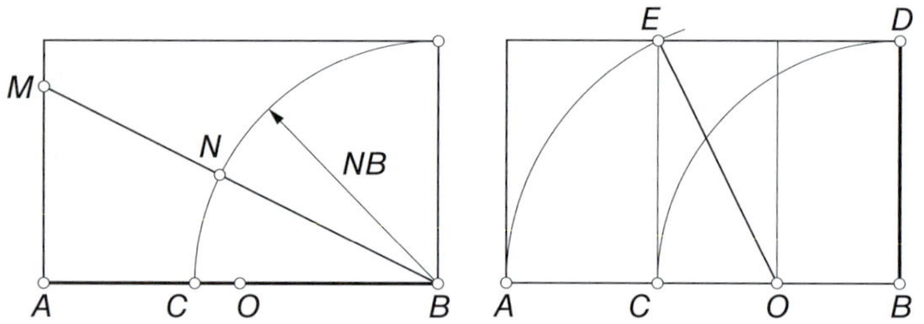

Figura 4.45.

Figura 4.46. René Magritte, *La Géante (La gigante)*, 1929-1931.

Del plano básico

La elección del formato tiene una enorme influencia en el efecto final de una imagen. El plano básico puede tener múltiples formas: cuadrada, rectangular, circular, ovalada, irregular, etc. Y puede estar en diferentes posiciones: horizontal, vertical o inclinada. Cada formato a su vez, transmite diferentes sensaciones: calma y reposo si es horizontal, si es vertical expresa tensión, el cuadrado da más sensación de equilibrio, si es ovalado es más dinámico, etc.

Existe un formato muy similar al campo visual humano utilizado por muchos artistas del Renacimiento: se trata del **rectángulo de oro** (Fig. 4.47), que se construye a partir de la proporción áurea y es un formato de soporte ideal para obtener soluciones de estabilidad compositiva (Fig. 4.48).

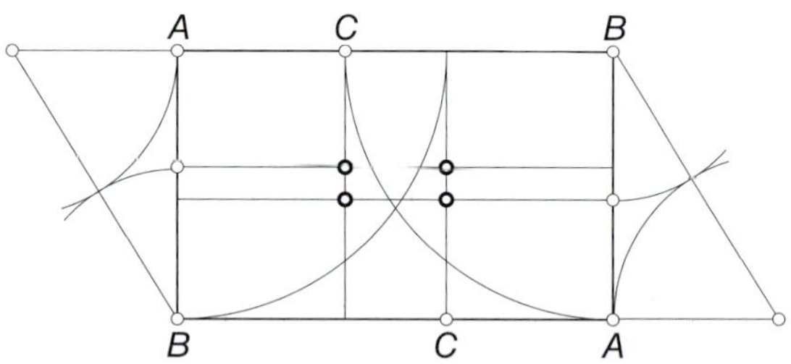

Figura 4.47.

Figura 4.48. Sandro Botticelli, *La primavera*, 1477-1478.

3. Leyes de composición

Las leyes de composición son un conjunto de operaciones que regulan las relaciones de los elementos que forman una imagen. La finalidad de estas leyes es asegurar un resultado estético, armónico y equilibrado que sea fiel al mensaje expresivo que se pretende transmitir.

Aunque existen infinitas posibilidades de organización y los criterios han ido cambiando hacia una mayor libertad expresiva, todavía estas leyes de composición siguen siendo válidas.

Figura 4.49.

3.1 Ley de la balanza

La ley de la balanza recibe este nombre por su parecido a la estructura de una balanza de dos platillos que guardan la misma distancia con respecto a un eje vertical (Fig. 4.49). Su principio se basa en la distribución de figuras iguales o semejantes encima de cada platillo, a cada lado del eje central. La forma más importante se sitúa en el eje formando el centro de interés visual.

Estas composiciones tienen establecida una jerarquía muy sencilla y fácil de leer. Su resultado estético es armónico y equilibrado, aunque resulta demasiado convencional y monótono.

Para dinamizar este tipo de composiciones se puede incorporar más de una figura a cada lado con formas, texturas y colores diferentes, incluso sustituir dos figuras por una. En todas estas ocasiones se debe asegurar que el peso visual que hay en cada lado, es equivalente. La obra de Malevich (Fig. 4.50) es una muestra de cómo se compone mediante esta ley. Observa la similitud de las figuras laterales y el juego de las luces y las sombras para compensar el peso visual de ambos lados.

Figura 4.50. Kasimir Malevich, *Los segadores*, 1909-1910.

3.2 Ley de compensación de masas

Esta ley, a diferencia de la anterior, se basa en el equilibrio de diferentes pesos visuales según su colocación. Este tipo de composiciones se asemeja a las balanzas romanas que tienen un solo platillo compensado con unas pesas en el otro extremo, y el eje de equilibrio se encuentra desplazado hacia el plato. La obra de Devaux, *Pigmalión* (Fig. 4.51), sitúa el centro de interés visual a la izquierda compensando el peso visual con un personaje onírico y señor de bombín a la derecha. En esta obra el artista se ha convertido en escultura y la obra ha cobrado vida.

En estas composiciones el centro de atención se desplaza ligeramente hacia un lateral y se compensa colocando elementos a diferente distancia del centro, de manera que se contrarreste el peso anterior.

Una de las herramientas que se pueden manipular para reforzar el equilibrio compositivo consiste en variar las características de los elementos que configuran la composición, es decir, la línea, la forma, el color y la textura.

Figura 4.51.
Paul Delvaux, *Pigmalión,* 1939.

4. La composición en la escultura

Una de las partes importantes en la realización de una escultura consiste en la resolución de problemas de proporción y de equilibrio que no están determinados únicamente por el peso físico y el tamaño. Estos problemas dependen, por un lado, de los múltiples puntos de vista posibles, y por otro, de las relaciones de las figuras entre sí y el espacio que ocupan, su peso visual, el movimiento y los criterios de organización utilizados para su composición.

La obra *El rey jugando con la reina,* de Max Ernst (Fig. 4.52), realizada con la ley de compensación de masas, muestra una desproporción en la figura del rey con astas y el resto de las piezas, y la colocación simétrica de los brazos cierra con poder todos los elementos, contribuyendo a reforzar el poder del rey.

Las figuras pueden relacionarse entre sí por igualdad, secuencia o diferencia de tamaños, colores y texturas, o por el tipo de agrupaciones. La obra *Dos semicírculos,* de Eusebio Sempere (Fig. 4.53), está estructurada con una doble simetría, axial y central, donde el ritmo se refuerza con las diferentes terminaciones de las barras de acero.

Al igual que en las imágenes bidimensionales, las figuras de un montaje o conjunto escultórico se pueden componer de infinitas maneras: entre ellas, con simetrías, ritmos, leyes de la balanza y de la compensación de masas, y en proporción áurea. La obra de Kosuth (Fig. 4.54), es un conjunto escultórico de objetos cotidianos compuestos con un ritmo uniforme.

Figura 4.52. Max Ernst, *El rey jugando con la reina,* 1944.

Figura 4.53. Eusebio Sempere, *Dos semicírculos,* 1972.

Figura 4.54. Joseph Kosuth, *Investigación 8, la Proposición 2,* 1970.

5. Métodos de análisis

Analizar obras de arte desarrolla en el ser humano la capacidad de emitir opiniones críticas y, sobre todo, nos permite adquirir una experiencia estética que nos hace gozar y disfrutar de él.

5.1 Método gráfico

Consiste en separar los diferentes elementos de una obra para analizarlos primero por separado, en diferentes acetatos transparentes, y después de manera conjunta. Para ejemplificar este método analizaremos la obra *Tres músicos,* de Pablo Ruiz Picasso (Fig. 4.55).

Figura 4.55. Pablo Ruiz Picasso, *Tres músicos,* 1921.

1. **Signos y puntos:** se marcan los signos y puntos diferenciando el centro visual. Debe observarse su situación en el plano básico y la función que cumplen en la imagen (Fig. 4.56a).
2. **Líneas:** se marcan las líneas y se analiza su expresividad según sea su tipo o trazo (Fig. 4.56b).
3. **Texturas:** se marcan las zonas y se calcan los diferentes entramados de texturas que aparecen. Debe analizarse la expresividad que aportan a la imagen (Fig. 4.56c).
4. **Colores:** se marcan las zonas que delimitan colores semejantes, y se analiza su organización espacial (Fig. 4.56d).
5. **Líneas de fuerza:** se marcan las líneas de fuerza según su dirección, analizando su lectura y el tipo de ordenación (Fig. 4.56e).
6. **Composición:** se marcan las zonas resaltantes y las subordinadas. Conviene analizar el criterio compositivo utilizado (Fig. 4.56f).
7. Por último, se colocan los acetatos encima de la obra y se observa las relaciones que existen entre los diferentes elementos.

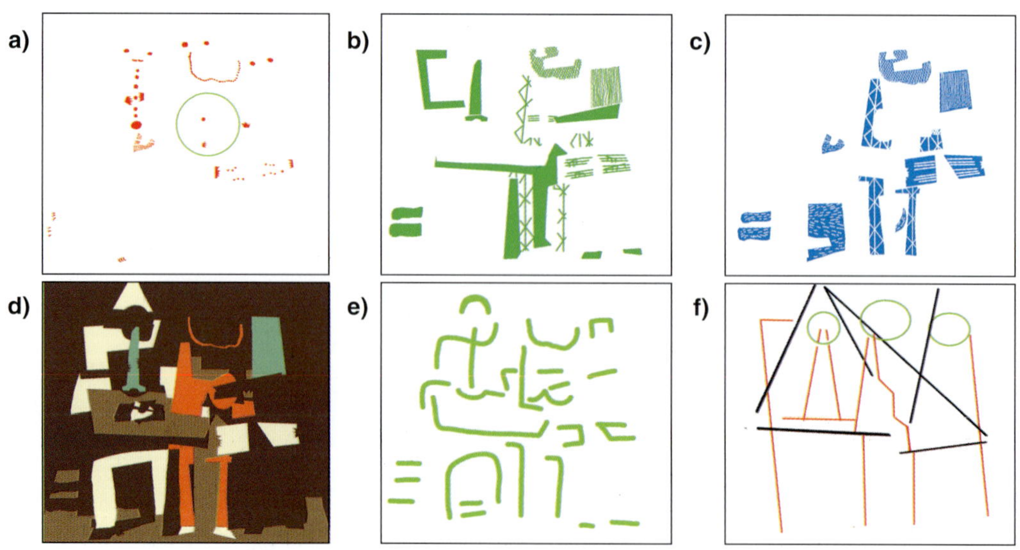

Figura 4.56.

5.2 Método escrito

Este método consiste en observar una imagen, valorar sus propiedades y emitir un juicio de opinión. Los pasos que se deben dar son los siguientes:

1. **Identificación:** ¿quién hizo la obra? Se anota el nombre del autor, año de producción, título, dimensiones y técnica utilizada.
2. **Descripción:** ¿qué aparece en ella? Se identifican los elementos o personajes que configuran la obra y se describe la acción y su organización en el espacio.
3. **Significación:** ¿cómo son sus elementos? Se buscan relaciones entre la forma, las texturas, el color y la composición con su posible significado.
4. **Interpretación:** ¿por qué son así los elementos? Se describe de forma clara el mensaje que transmite la obra.
5. **Justificación:** ¿por qué tiene este significado? Se relaciona la interpretación que se ha hecho de la obra con su significación.
6. **Valoración:** ¿qué valor das a la obra? Conviene repasar cada uno de los pasos anteriores y analizar si la relación establecida es válida para los fines descubiertos.
7. **Juicio personal:** consiste en emitir un juicio de opinión. Hay que intentar no reducir este comentario solo a un gusto personal.

Sabías que...

Pablo Ruiz Picasso hizo varios cuadros con el mismo título y composiciones semejantes. Si se observa la versión de *Los tres músicos* que recoge la Figura 4.57, se pueden encontrar variaciones compositivas que transmiten diferentes sensaciones, más o menos dinámicas, sarcásticas o tragicómicas.

Identificación	Pablo Ruiz Picasso, *Tres músicos,* de 1921. Óleo sobre madera, *collage* con incrustaciones. 2,03 × 1,88 m.
Descripción	Tres personajes enmascarados, dos con traje de comediante y uno con hábito, sentados frente al espectador con un instrumento cada uno. Una mesa con partituras musicales donde se apoya el brazo de uno de ellos.
Significación	Realizado con planos y texturas, y contrastes de colores claros y oscuros. El personaje de la derecha, más oscuro, es subordinado. El centro visual esta situado en el personaje central, las partituras musicales y el arco del violín. Composición rítmica.
Interpretación	Parecen interpretar una melodía entre alegre y nostálgica. Los personajes parecen pertenecer a la «comedia del arte» y ocultan sus rostros con máscaras. Es la representación de una farsa, como la doble visión de la vida del ser humano que convive entre lo bueno o positivo y lo malo o negativo.
Justificación	La melodía es tragicómica, por la elección y contraste de los colores. Los ropajes y las máscaras justifican el fingimiento, la ocultación, es decir, la farsa. La obra no tiene profundidad, ya que el espacio está invadido por planos y personajes, indicando la importancia del ser humano sobre el espacio o tiempo en el que vive.
Valoración	La relación establecida entre los personajes, los instrumentos y los elementos utilizados, muestra la habilidad de Picasso para comunicar, de manera alegre y cómica, la tragedia del ser humano, que convive entre lo divino y lo pagano.
Juicio personal	Es una obra inquietante que, de una manera misteriosa, cuenta historias que se ocultan tras una máscara o una sonrisa.

Tabla 4 .1.

Figura 4.57. Pablo Ruiz Picasso, *Tres músicos,* 1921.

Aplicaciones

La composición en el *graffiti* y el arte urbano

Graffiti, plural de *graffito,* es una palabra italiana que significa «inscripción» o «grabado». Se trata de un letrero o dibujo, generalmente transgresor, realizado sobre una pared de manera ilícita.

Los *graffitis* se pueden dividir en dos grandes corrientes, por un lado el *graffiti hip-hop* neoyorquino, que utiliza composiciones figurativas con autorreferencias de gueto, y el europeo que, con un contenido más verbal, es de carácter antiautoritario y con intenciones socio-políticas.

El *graffiti* es una forma de comunicación escrita y pintada que se ha incorporado al paisaje urbano. Esta corriente gráfica, realizada esencialmente en espacios públicos, tiene una serie de singularidades que la caracteriza:

- **Espacios:** en el *graffiti* el espacio adquiere una importancia particular, ya que una pared genera un juego gráfico con el mensaje. Se trata de copar el espacio en el acto mismo de «graffitear». Keith Haring aprovecha la pared de un edificio para mostrar diversas actividades que hace el ser humano en el mundo (Fig. 4.58).
- **Soportes:** pueden ser exteriores, como paredes, medianas, puentes, cierres metálicos o mobiliario urbano. También suelen realizarse en medios de transporte: metro (Fig. 4.59), trenes, camiones, etc.; o en interiores: cines, aulas, baños o ascensores.
- **Medios:** se utilizan pinceles, las propias manos, brochas, acrílicos, aerosoles (Fig. 4.60), rotuladores, plantillas, tizas, etcétera.

Figura 4.59. Haring pintando en el metro.

Figura 4.58. Keith Haring, *Tuttomondo,* 1989. Fachada del Convento de San Antonio, Pisa.

Figura 4.60.

- **Mensajes:** según su intencionalidad pretenden, condenar, protestar, expresar sentimientos, hacer propaganda política, jugar con la imagen, con el lenguaje, firmar, etc.
- **Temática:** humorística, afectiva, poética, sexual, política. Puede ser de identificación individual (tags o nombre de pila) o grupal (fútbol, raza, nacionalismos, tribus urbanas, etcétera).
- **Elementos visuales:** líneas caligráficas y sígnicas, superficies texturizadas, planos monocromos y colores.
- **Composición:** se utilizan todos los recursos estudiados en la unidad: ritmo (Figs. 4.61 y 4.62), simetrías, ley de la balanza (Figs. 4.63 y 4.64) o de compensación de masas (Figs. 4.65 y 4.66). Muchas obras tienen unidad y marcan el centro visual en función de su mensaje.

Figura 4.61.

Figura 4.64.

Figura 4.62.

Figura 4.65.

Figura 4.63.

Figura 4.66.

Procedimientos y técnicas

Acrílicos y pintura expresiva

La pintura acrílica

El acrílico está fabricado con pigmentos a los que se les ha añadido una resina sintética compuesta de acetatos y vinilos. Esta pintura es soluble en agua mientras está húmeda, y cuando se seca las partículas, que en principio están dispersas por el agua, se funden creando una película elástica y sólida.

Te proponemos preparar estas pinturas en casa. Para ello tienes que mezclar primero el pigmento de color con agua fría hervida y añadir la misma cantidad de acetato de polivinilo, *alkyl* o cola blanca de carpintero (Fig. 4.67).

1 volumen de pigmento (amasado en agua) +
+ 1 volumen de *alkyl*

Esta pintura se puede trabajar sobre cualquier superficie limpia, sin grasa y con suficiente diente como para que se adhiera. Los más adecuados son tableros y lienzos preparados con una imprimación llamada ***gesso.***

Para preparar el *gesso* se mezcla medio volumen de pigmento *blanco de titanio* y un volumen de *blanco España* amasados en agua fría hervida. A este preparado se le añade un volumen de acetato de polivinilo (Fig. 4.68). Se extienden una o dos capas cruzadas sobre el soporte dejando secar entre capa y capa.

1/2 vol. pigmento *blanco de titanio* +
+ 1 vol. *blanco España* (amasados en agua) +
+ 1 vol. de *alkyl*

La pintura acrílica permite superponer colores eliminando el de abajo o superponer uno o varios tonos transparentes (con más *alkyl*). También se pueden imitar los efectos de la témpera con acrílicos mate.

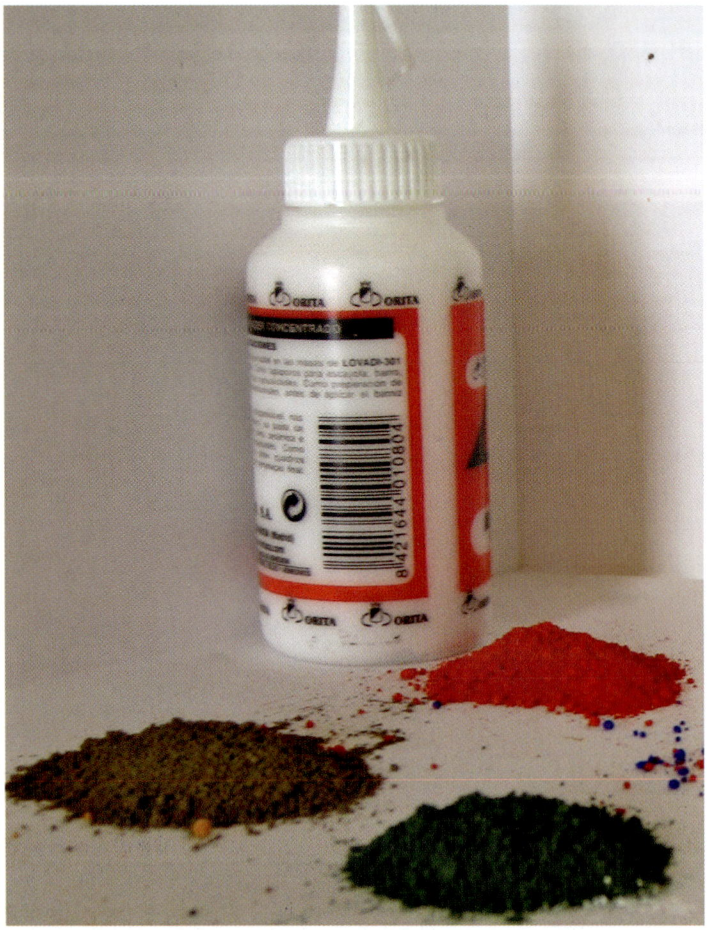

Figura 4.67.

Figura 4.68.

La pintura expresiva

Actualmente no se puede establecer una diferencia clara entre dibujo y pintura. La pintura es esencialmente matérica y cromática utilizando como principales materiales la pintura acrílica y el óleo.

Con las vanguardias artísticas del siglo XX se produjo una auténtica revolución en la utilización de nuevas técnicas y materiales, inusuales en pintura hasta ese momento.

Estas técnicas permiten expresar el inconsciente en obras que no tienen intención de representar imágenes realistas, concentrándose en la voluntad expresiva. Estas técnicas son entre otras: *collage, dripping, frottage* y *grattage.*

- ***Collage:*** esta técnica se trabaja con diversos materiales y objetos. Consiste en pegar papeles, telas y otros objetos sobre una superficie, en lugar de representarlos (Fig. 4.69).
- ***Dripping:*** esta técnica consiste en gotear o dejar chorrear la pintura sobre una superficie colocada en posición horizontal (Fig. 4.70).
- ***Frottage:*** esta técnica consiste en frotar la superficie del papel con un material de dibujo. La hoja se coloca sobre diferentes superficies, de manera que se graban en el soporte los salientes (Fig. 4.71).
- ***Grattage:*** se prepara el soporte con una capa en blanco o de colores y otra de preparación en negro. El dibujo se obtiene rascando con un punzón la superficie, de manera que los trazos obtenidos tienen el color de la primera capa (Fig.4.72).

Figura 4.69.

Figura 4.70.

Figura 4.71.

Figura 4.72.

Ahora hazlo tú

Prepara una cartulina gruesa con *gesso* e investiga las posibilidades expresivas de los acrílicos mediante la utilización de las cuatro técnicas sobre un mismo soporte. Puedes realizar primero un fondo con pintura y *collage,* después un *dripping* sobre él, esperar a que se seque y luego pintar alguna zona con ceras blandas para realizar un *grattage.*

Actividades finales

1. Formad grupos de cinco o seis compañeros y realizad, al menos, doce fotografías cada uno con diferentes criterios compositivos.
   - En las seis primeras fotos, cada miembro del equipo actuará como centro visual y se colocará con los demás compañeros en función de la composición correspondiente: ley de la balanza, ley de compensación de masas, simétrica, rítmica y libre.
   - Haced otras seis fotografías con elementos del entorno que, sin manipular, estén colocadas en función de alguno de los criterios que habéis estudiado en esta unidad.
   - Elegid una fotografía cada uno y superponed su esquema compositivo sobre papel vegetal o acetato transparente. Procurad que la presentación sea limpia y creativa.
2. Reproduce dos veces los siguientes objetos sacados de la obra *Panier et sifón*, de Juan Gris (Fig. 4.73). Recorta y realiza dos composiciones: una por la ley de la balanza y otra por la ley de compensación de masas. Utiliza un espacio semejante al que te ofrecemos como plano básico. Colorea los objetos con rotuladores y aplica la textura más conveniente para lograr dos composiciones equilibradas.
3. Realiza una composición con figuras abstractas teniendo en cuenta la *Gestalt* y los agrupamientos que se producen en la percepción. Utiliza la técnica que consideres más apropiada al mensaje que deseas transmitir (Fig. 4.74).

   Elige una de las leyes estudiadas para relacionar tus elementos compositivos: proximidad, semejanza y continuidad. Piensa en un fondo apropiado y selecciona un criterio para relacionar los elementos con él: figura-fondo, inclusividad, ley del contraste y formas ambiguas.

Figura 4.74.

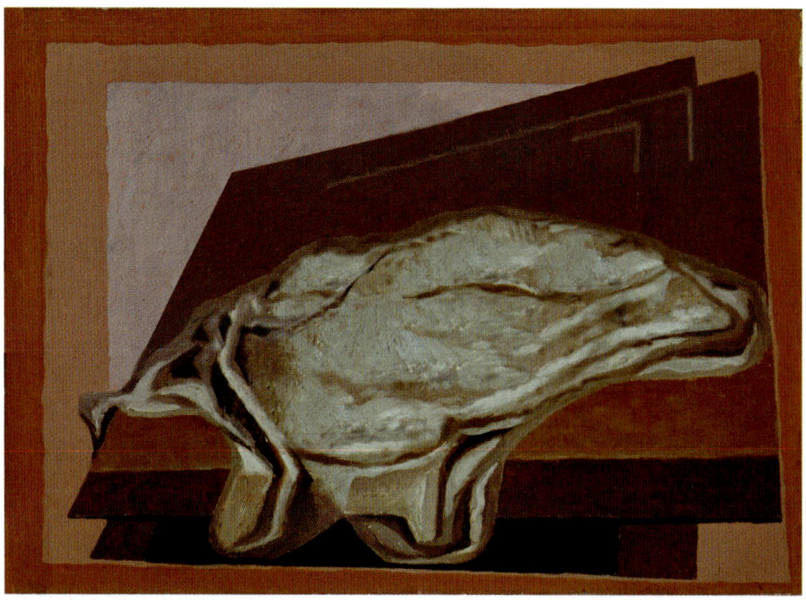

Figura 4.73.

4. Elige dos objetos naturales cuya estructura sea simétrica, uno con simetría axial y otro con simetría radial. Encaja su forma sobre un formato A5 y analiza con líneas su disposición. Una vez dibujado puedes colorear los motivos con pasteles o acuarelas, sin tapar las líneas de dibujo realizadas (Fig. 4.75).

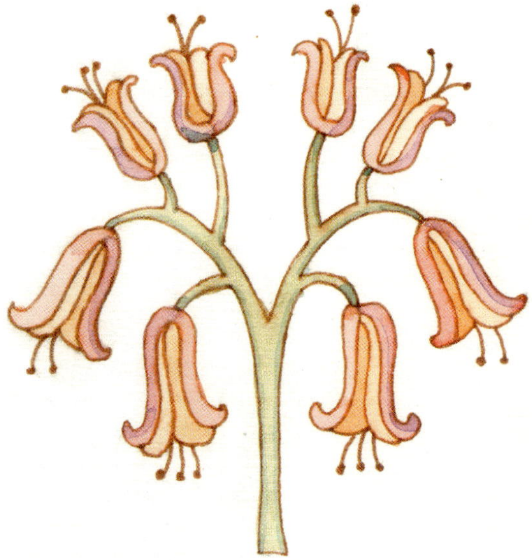

Figura 4.75.

5. Dibuja uno o varios objetos sencillos y reprodúcelos varias veces con distintos tamaños y texturas; colorea cada uno de manera diferente con contraste de colores en función de su valor. Haz una composición rítmica sobre un soporte en proporción áurea, utilizando como base el lado más largo (Fig. 4.76).

Figura 4.76.

6. Realiza una composición que sugiera movimiento a través del ritmo con variaciones cromáticas y lumínicas (Fig. 4.77). Utiliza una o varias escalas de valor para crear una unidad visual. Reproduce esta unidad varias veces y recórtalas para pegarlas sobre una cartulina de color oscuro. Refuerza la velocidad con las líneas que creas más convenientes. Para lograr mayor sensación de velocidad puedes delimitar tu composición con un formato irregular.

Figura 4.77.

7. Realiza un móvil con ritmo visual libre (Fig. 4.78). Utiliza materiales de poco peso, como acetatos o cartulinas.

- Dibuja y recorta diferentes formas sobre distintas superficies de colores.
- Busca y corta algunas varillas; estas pueden ser de alambre, de madera o pajitas de refresco.
- Haz un agujero en cada forma por un extremo y ata hilo para unirlas a los extremos de las varillas. Busca el equilibrio de las formas manipulando las diferentes distancias.

Figura 4.78.

Otras propuestas

Analizar una obra

Busca y fotocopia una obra de un periodo artístico que te guste (Fig. 4.79). Te proponemos el análisis de esta obra empezando por el método gráfico. Coloca los acetatos encima de la imagen y observa las relaciones que existen entre los diferentes elementos. A continuación desarrolla en tu cuaderno, el método escrito.

Figura 4.79. Pablo Ruiz Picasso, *Los tres músicos*, 1921.

Boceto para un *graffiti*

Haz un boceto para realizar un *graffiti*. Utiliza la línea caligráfica para transmitir un mensaje escrito importante para ti, y acompáñalo de una imagen que resulte significativa. Ordena la obra mediante le ley de compensación de masas y genera ritmo mediante claroscuros y colores (Fig. 4.80). Puedes usar plantillas y estarcidos para hacer la imagen y rotuladores para la grafía.

Figura 4.80.

Composición libre

Realiza una composición rítmica que cumpla al menos tres de las propuestas enunciadas a continuación (Fig. 4.81):

- Elige un tema relacionado con tu municipio o comunidad autónoma.
- Crea profundidad mediante la visibilidad del color y su peso visual.
- Utiliza diferentes texturas para crear el centro visual.
- Dibuja con líneas formas expresivas abstractas.
- Produce sensación de movimiento y velocidad.
- Colorea con tonos fríos.

Señala con un círculo el centro visual y escribe las propuestas que has elegido.

Figura 4.81. Auguste Renoir, *Los paraguas*, 1881-1885.

Buscar biografía

Busca y resume en tu cuaderno lo más importante de la vida de Keith Haring (Fig. 4.82), su vida, su obra y las características más representativas de su manera de trabajar en el arte. Selecciona las imágenes que más te gusten y guárdalas en tu imagoteca personal.

Figura 4.82.

¿Qué has aprendido?

Completa en tu cuaderno

1. Explica con tus palabras en qué consiste componer.
2. ¿Para qué se puede utilizar la proporción en una composición?
3. ¿A qué nos ayudan los puntos de oro?

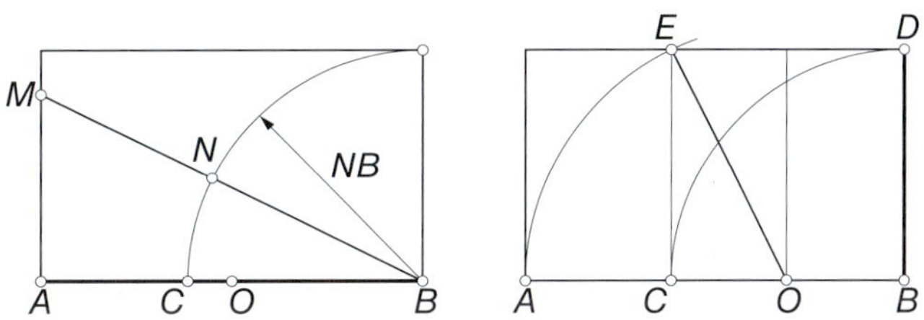

Figura 4.83.

4. ¿Qué es el centro visual?
5. ¿En qué consiste el ritmo compositivo?
   ¿Que tipos de ritmo son estas figuras?

Figura 4.84.

Figura 4.85.

6. ¿Cuál es la diferencia entre la ley de la balanza y la simétrica?
7. ¿Qué son las líneas de fuerza?
8. ¿De qué depende el ritmo visual?
9. ¿Qué es el *graffiti*? ¿Por qué puede provocar contaminación visual?
10. ¿Qué diferencias hay entre la técnica del *collage* y el *frottage*?

Figura 4.86.

5 Descripción objetiva de formas

Contenidos

1. El sistema diédrico.
2. El sistema axonométrico.
3. El sistema cónico.
4. Estructuras volumétricas.

Competencias básicas

En esta unidad trabajaremos las siguientes competencias:

2. Matemática.
6. Cultural y artística.
7. Aprender a aprender.
8. Autonomía e iniciativa personal.

Aprenderás a:

Desde los inicios de la humanidad se han buscado técnicas para representar la realidad tridimensional que nos rodea en soportes de dos dimensiones (desde la pared de una caverna hasta la pantalla de un ordenador). A partir de esa necesidad se fue perfeccionando el uso de texturas y sombreados, pero también surgieron la geometría descriptiva y los sistemas de representación, que se han consolidado como convenciones de aceptación general.

Dichas construcciones geométricas y sistemas, ideados para representar el espacio sobre un plano, se basan en métodos técnicos y geométricos, y su perfeccionamiento responde a necesidades concretas de la arquitectura, de la ingeniería y del diseño industrial, entre otros ámbitos. Pero su empleo va más allá de estos campos: desde hace más de cinco siglos, los grandes maestros de la pintura han utilizado en sus creaciones las construcciones geométricas y los sistemas de representación que vamos a estudiar.

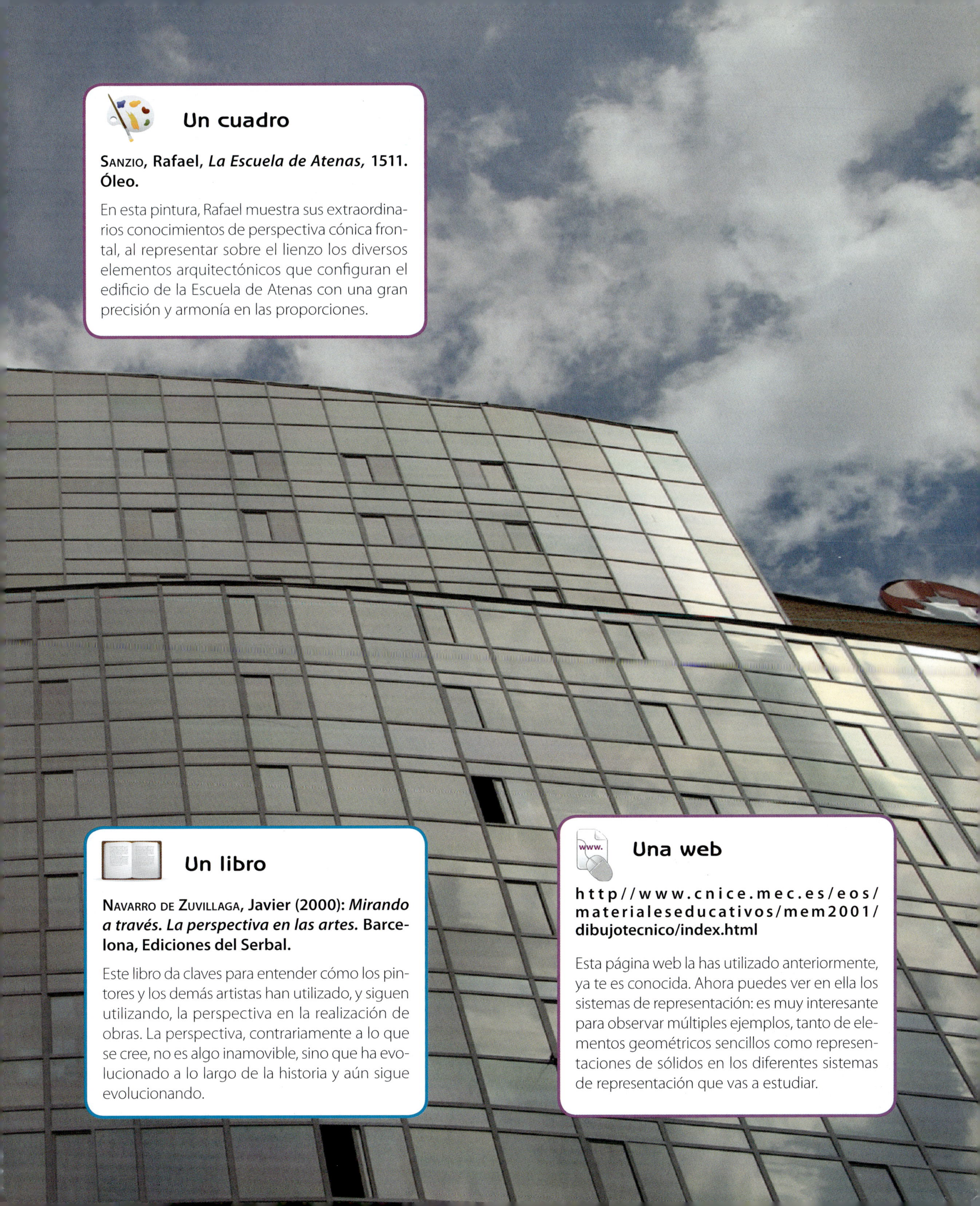

Un cuadro

SANZIO, Rafael, *La Escuela de Atenas,* 1511. Óleo.

En esta pintura, Rafael muestra sus extraordinarios conocimientos de perspectiva cónica frontal, al representar sobre el lienzo los diversos elementos arquitectónicos que configuran el edificio de la Escuela de Atenas con una gran precisión y armonía en las proporciones.

Un libro

NAVARRO DE ZUVILLAGA, Javier (2000): *Mirando a través. La perspectiva en las artes.* Barcelona, Ediciones del Serbal.

Este libro da claves para entender cómo los pintores y los demás artistas han utilizado, y siguen utilizando, la perspectiva en la realización de obras. La perspectiva, contrariamente a lo que se cree, no es algo inamovible, sino que ha evolucionado a lo largo de la historia y aún sigue evolucionando.

Una web

http//www.cnice.mec.es/eos/materialeseducativos/mem2001/dibujotecnico/index.html

Esta página web la has utilizado anteriormente, ya te es conocida. Ahora puedes ver en ella los sistemas de representación: es muy interesante para observar múltiples ejemplos, tanto de elementos geométricos sencillos como representaciones de sólidos en los diferentes sistemas de representación que vas a estudiar.

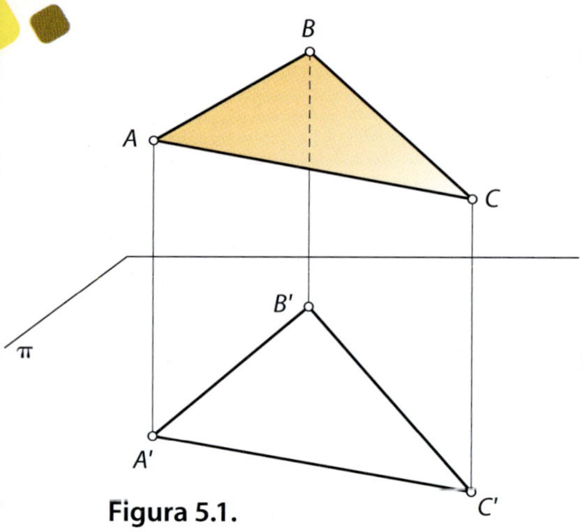

Figura 5.1.

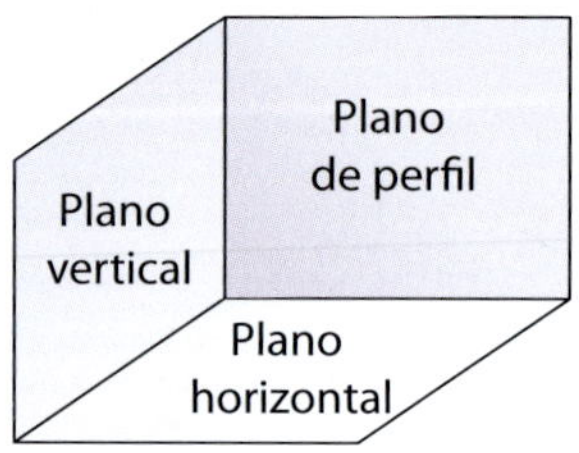

Figura 5.2.

1. El sistema diédrico

El **sistema diédrico** se fundamenta en la proyección cilíndrica ortogonal, es decir, aquella en que los rayos proyectantes son perpendiculares al plano del cuadro (Fig. 5.1).

La proyección sobre el plano horizontal se denomina **planta;** la que se realiza sobre el plano vertical, **alzado,** y la que se proyecta sobre el plano lateral, vista de **perfil** (Fig. 5.2).

1.1 Representación del plano. Rectas notables del plano

Recordemos que un plano puede definirse mediante tres puntos no alineados, mediante una recta y un punto exterior a ella, a través de dos rectas que se cortan, o mediante dos rectas paralelas.

En el sistema diédrico, el plano se representa por sus trazas, es decir, por las intersecciones de dicho plano con los planos de proyección.

Rectas notables del plano

Las rectas que contiene un plano son infinitas; pero se pueden definir cuatro tipos de rectas que facilitarán el trabajo cuando se realizan operaciones con este elemento geométrico (intersecciones, abatimientos, etc.). Dichas rectas son:

Recta horizontal del plano	Recta frontal del plano	Recta de máxima pendiente	Recta de máxima inclinación
Es un tipo de recta que pertenece al plano dado y es paralela al plano horizontal de proyección. La proyección horizontal de la recta, r_1, es paralela a la traza horizontal del plano, $h\alpha$, y la proyección vertical, r_2, es paralela a la línea de tierra (Fig. 5.3).	Es una recta que pertenece al plano y es paralela al plano vertical de proyección. La proyección horizontal de la recta, r_1, es paralela a la línea de tierra, y la proyección vertical, r_2, es paralela a la traza vertical del plano, $v\alpha$ (Fig. 5.4).	Es una recta que pertenece al plano y forma el ángulo máximo posible, φ, respecto al plano horizontal. La proyección horizontal de la recta, r_1, es perpendicular a la traza $h\alpha$ del plano (Fig. 5.5).	Es un tipo de recta que pertenece al plano y forma el máximo ángulo posible, φ, respecto al plano vertical. La proyección vertical de la recta, r_2, es perpendicular a la traza vertical de plano $v\alpha$ (Fig. 5.6).
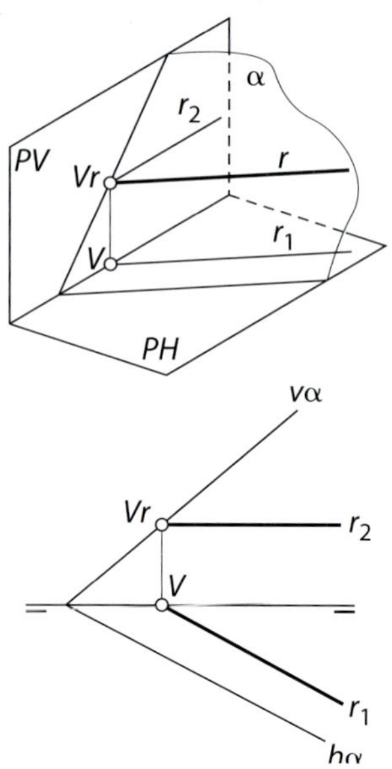	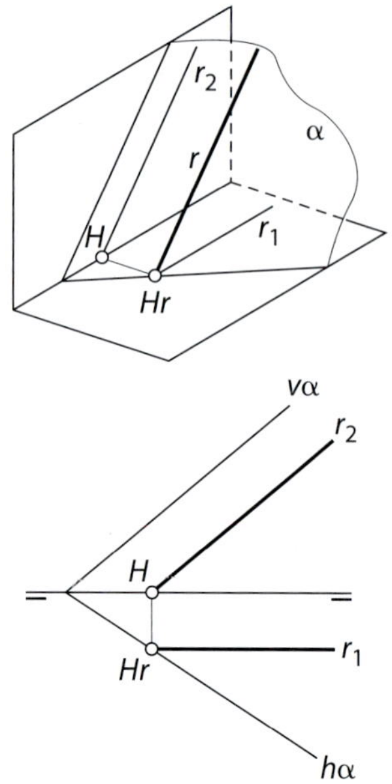	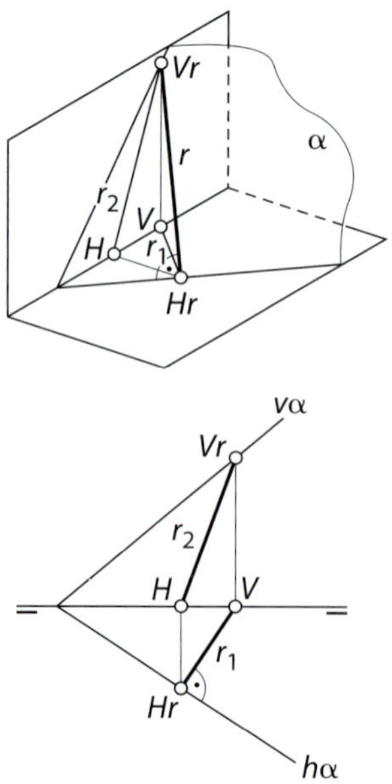	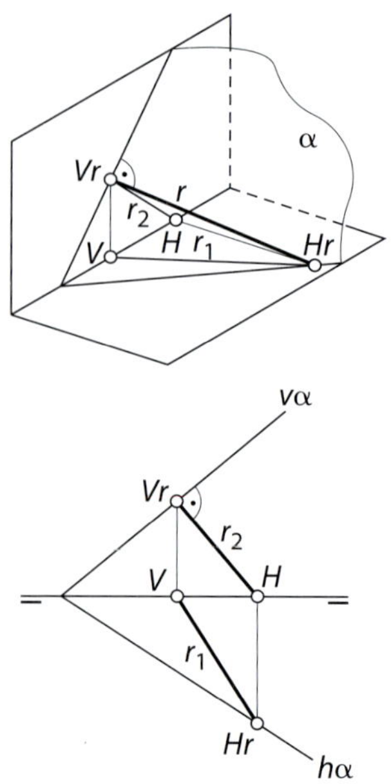

1.2 Intersecciones

Intersecciones entre planos

La intersección de dos planos en el sistema diédrico es una recta (Fig. 5.7). Dicha recta pertenece a los dos planos y, por ello, tiene que cumplir con todas las condiciones de pertenencia; es decir, las trazas de la recta han de hallarse sobre las trazas semejantes de los planos.

Dados los planos α y β:

- La intersección de las trazas horizontales de los planos $h\alpha$ y $h\beta$ determinan la recta horizontal, *Hr,* de la recta *r* de intersección (Fig. 5.8).
- La intersección de las trazas verticales $v\alpha$ y $v\beta$ determinan la traza vertical V_r de la recta *r* (Fig. 5.9).

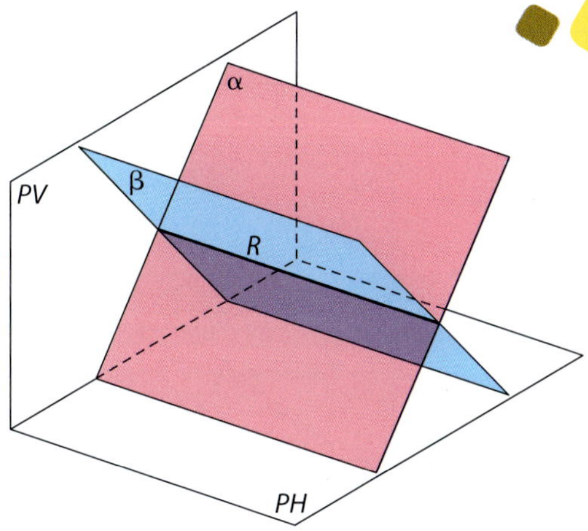

Figura 5.7.

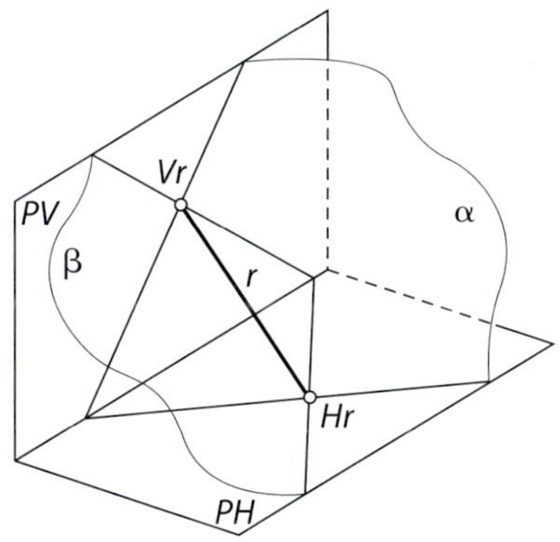

Figura 5.8.

Intersecciones entre recta y plano

Si observamos la Figura 5.10, vemos cómo la flecha hace intersección sobre la superficie plana. Esta intersección determina un punto.

La **intersección entre** una **recta** y un **plano** siempre será un punto, salvo en el caso de que sean paralelas entre sí. Para determinar el punto de intersección entre recta y plano en sistema diédrico es necesario seguir estos pasos (Fig. 5.11):

- Trazar un plano cualquiera, β, que contenga la recta *r.*
- Determinar la recta *s,* intersección entre los dos planos.

La proyección vertical del punto de intersección, A_2, está situada donde se cortan las proyecciones verticales r_2 y s_2.

Dado que las proyecciones s_1 y r_1 coinciden, la proyección A_1 se determina trazando la perpendicular a la línea de tierra desde su proyección vertical, A_2.

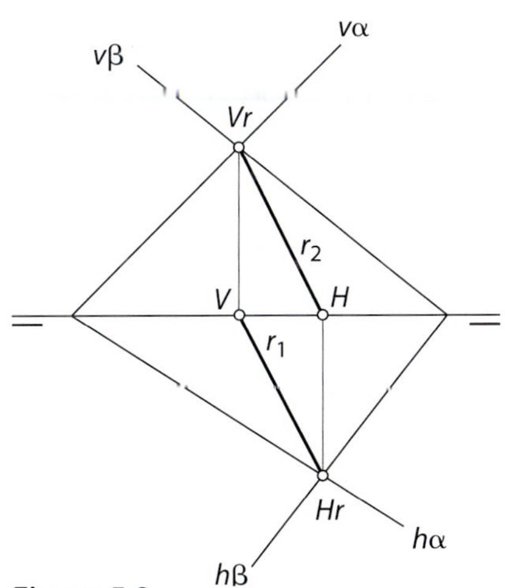

Figura 5.9.

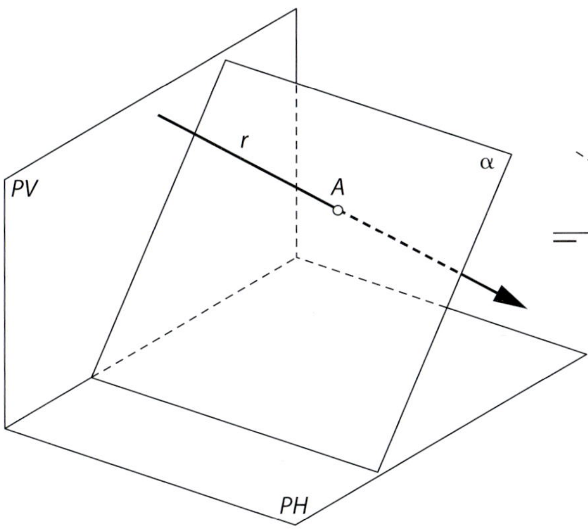

Figura 5.10.

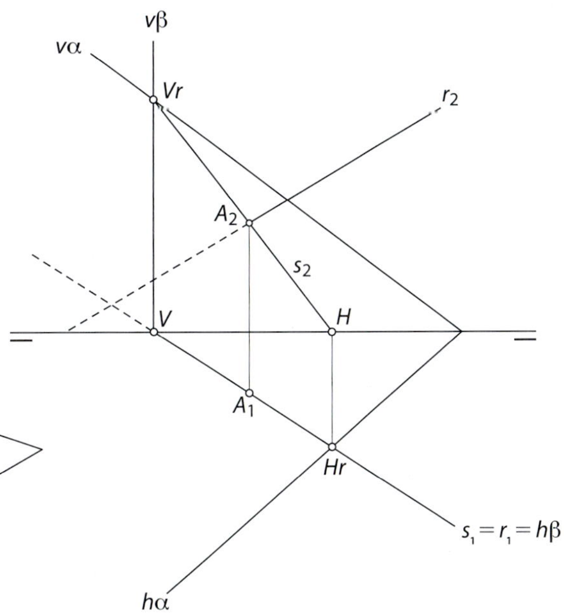

Figura 5.11.

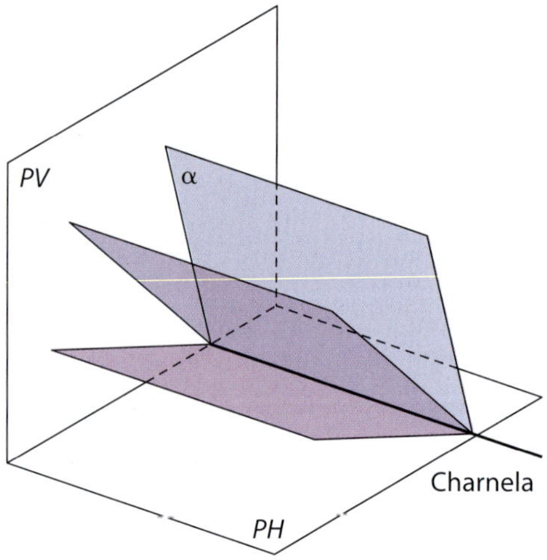

Figura 5.12.

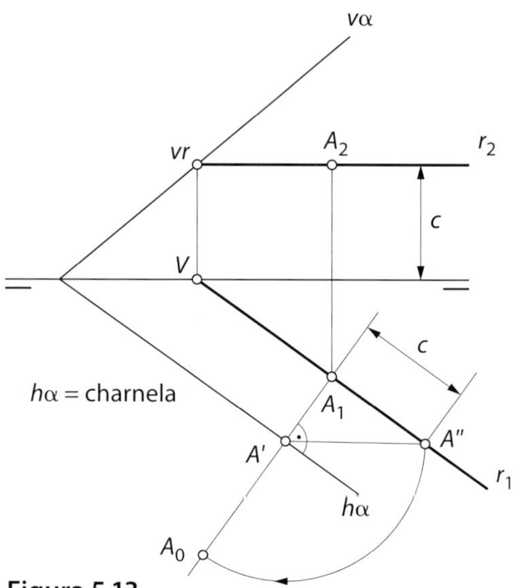

Figura 5.13.

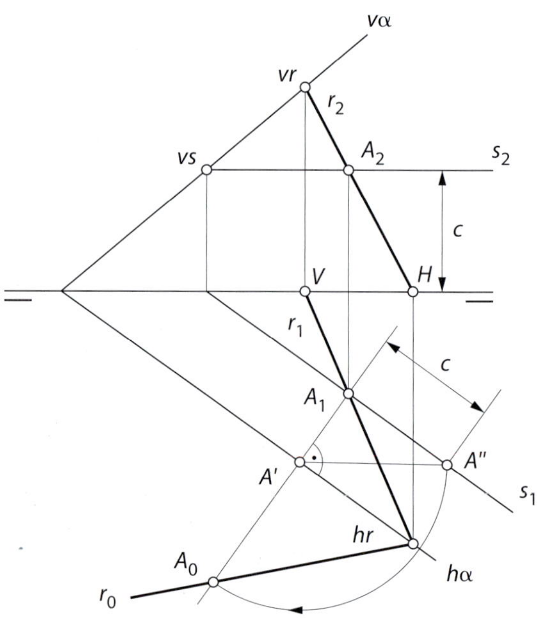

Figura 5.14.

1.3 Abatimientos

Es poco frecuente encontrar figuras planas o sólidos paralelos a los planos de proyección, situación esta, por otra parte, que nos permite conocer inequívocamente tanto su forma como sus dimensiones reales. Lo más habitual es que las formas que se encuentran en el espacio estén situadas de tal modo que sus representaciones no aparezcan en verdadera magnitud. Para conseguir magnitudes reales con operaciones sencillas, el sistema diédrico dispone de un artificio denominado **abatimiento.**

Realizar el abatimiento de un plano sobre otro fijo consiste en hacer coincidir el primero con este mediante un giro alrededor de su recta de intersección. Esta recta de intersección constituye el eje de giro, denominado **charnela** (Fig. 5.12).

En el sistema diédrico, al realizar el abatimiento de un plano a sobre el plano horizontal, la charnela es la traza horizontal *h*α. Si lo hacemos sobre el plano vertical, será *v*α.

Abatimiento de un punto

Para abatir el plano α que contiene un punto *A* sobre el horizontal de proyección se procede del siguiente modo (Fig. 5.13):

- Trazamos por la proyección A_1 la paralela y la perpendicular a la traza *h*α.
- Sobre la paralela, y a partir de A_1, llevamos una longitud A_1A'' igual a la cota *c* del punto.
- Con centro en *A'* y radio *A'A"*, describimos un arco de circunferencia hasta cortar con la perpendicular a *h*α y, así, obtendremos el punto A_0.
- Abatir un punto sobre el plano vertical no es complicado: se realiza siguiendo el mismo proceso anterior, utilizando como charnela la traza *v*α del plano.

Abatimiento de una recta

Para abatir una recta cualquiera contenida en un plano basta con abatir dos puntos contenidos en dicha recta.

Dado un plano de referencia, α, y una recta contenida en el plano y que abatiremos, *r*, el proceso será el siguiente (Fig. 5.14):

- Elegimos un punto de la recta *A* y realizamos el abatimiento como se ha descrito en el apartado anterior.
- Uniendo el punto abatido A_0 con la traza horizontal de la recta, es decir, *hr*, que es un punto doble, dibujaremos r_0, representando así la recta abatida.

Abatimiento de un plano

En la representación de un plano, la traza vertical es una recta más de este, que puede ser abatida como se explicó anteriormente:

- Identificamos un punto cualquiera de la traza vertical, *A*. (Dichos puntos siempre tienen la proyección horizontal, A_1, en la línea de tierra, Fig. 5.15.)
- Por la proyección A_1 trazamos la perpendicular a la charnela, es decir, a la traza $h\alpha$.
- Tomando como centro *O* y radio OA_2, dibujamos un arco que corta a la perpendicular antes dibujada en el punto A_o.
- Unimos el punto A_o con el vértice del plano *O* y obtenemos α_o, que constituye la traza vertical abatida.

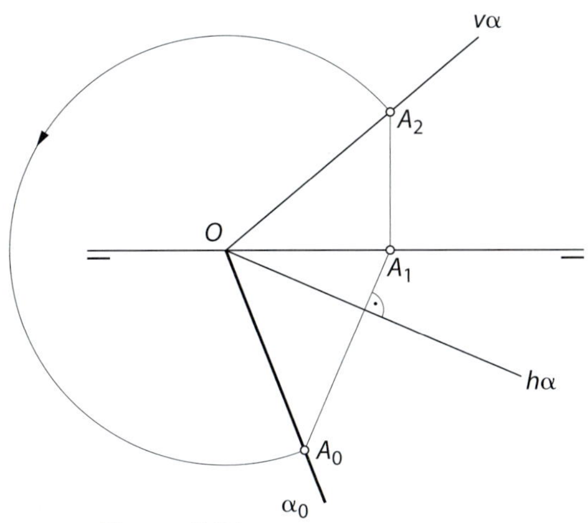

Figura 5.15.

1.4 Superficies radiadas

Hemos trabajado con elementos planos, ahora analizaremos la representación de superficies radiadas, de los sólidos geométricos: la pirámide, el cono, el prisma y el cilindro (Fig. 5.16).

Figura 5.16.

Estos sólidos geométricos se forman mediante una recta llamada **generatriz** que se mueve paralelamente a sí misma o alrededor de una curva o de un polígono (como los prismas y cilindros), o bien mantiene en este movimiento un punto fijo (como en el caso de las pirámides y los conos). Todos ellos se trabajarán suponiéndolos apoyados por su base en el plano horizontal de proyección.

Pirámide

La **pirámide** es un sólido geométrico engendrado por una recta que pasa por un punto fijo llamado **vértice** y se apoya en un polígono llamado **directriz** (Fig. 5.17). Las rectas que unen el vértice de la pirámide y los vértices del polígono directriz se llaman **aristas laterales;** y se denominan **generatrices** las rectas que unen el vértice de la pirámide y cualquier punto de la directriz que no sean los vértices.

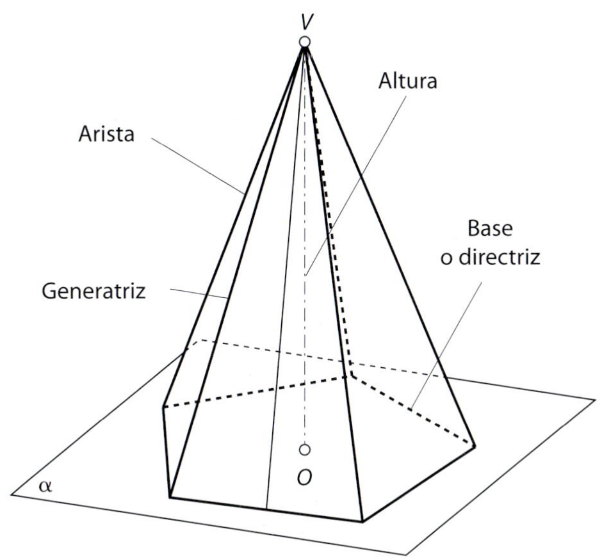

Figura 5.17.

- Tipos de pirámides
- **Pirámide recta:** es aquella en la que la línea que une el vértice de la pirámide con el centro de la base es perpendicular al plano que contiene a dicha base.
- **Pirámide regular:** es la pirámide recta en la que el polígono de su base o directriz es regular.
- Proyecciones diédricas

La representación en sistema diédrico de una pirámide apoyada sobre el plano horizontal vendría dada por el siguiente proceso:

- Se sitúa la base dada sobre el plano horizontal en verdadera magnitud; se ha elegido un pentágono regular como base; por tanto, la proyección vertical de la pirámide está sobre la línea de tierra.

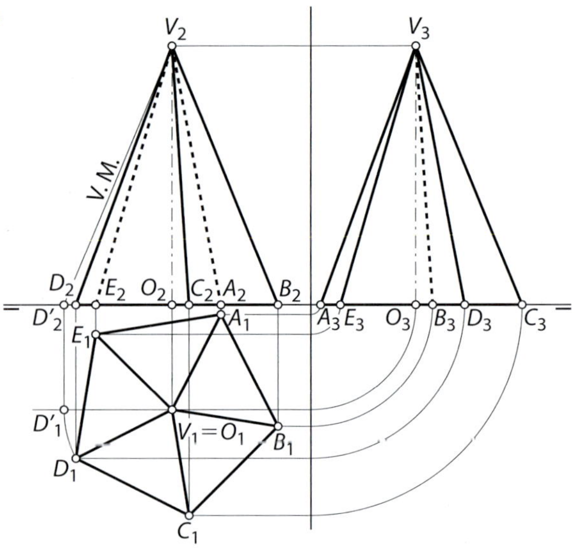

Figura 5.18.

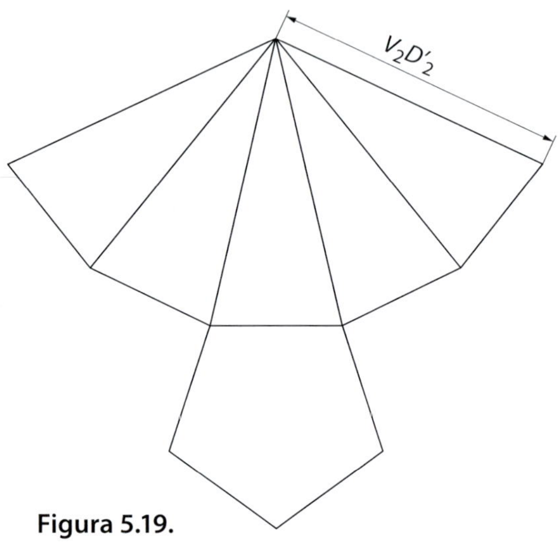

Figura 5.19.

- Se determina la proyección horizontal del vértice *V*, el cual se unirá con cada uno de los vértices de la base, es decir V_1, con A_1, B_1, C_1, D_1 y E_1, obteniendo así la representación horizontal de la pirámide.
- Del mismo modo, se une V_2 con A_2, B_2, C_2, D_2 y E_2 para trazar la representación vertical de la pirámide.

Observa en las Figuras 5.18 y 5.19 la representación del sólido junto con la construcción de su desarrollo.

Cono

Un **cono** se genera por una recta o generatriz, que pasa por un punto fijo llamado **vértice,** y se apoya en una curva llamada **directriz** (Fig. 5.20).

Si en este tipo de sólidos la directriz es una circunferencia, el cono así configurado se denomina de **revolución.**

Tipos de conos

- **Cono recto de revolución:** en él la recta que une el vértice con el centro de la base, es decir, el eje, es perpendicular al plano que contiene a la directriz.

Proyecciones diédricas (Fig. 5.21)

- Al estar situada la directriz o base sobre el plano horizontal, se proyecta sobre este plano en verdadera magnitud, es decir, una circunferencia.

Una vez situada la proyección vertical V_2 del vértice, se une esta con las proyecciones A_2 y B_2, generatrices que configuran el contorno aparente de la representación vertical. Cualquiera de las dos muestran la verdadera magnitud de todas las demás.

Para dibujar el desarrollo del cono (Fig. 5.22) trazamos la circunferencia de la base y un sector circular tangente a ella con un radio igual a la generatriz del cono, y cuyo ángulo tenga el valor siguiente.

$$\left.\begin{array}{lcl} 2\pi g & \text{———} & 360^\circ \\ 2\pi r & \text{———} & \alpha^\circ \end{array}\right\} \quad \alpha^\circ = \frac{r}{g} \cdot 360^\circ$$

Esto se debe a que a la circunferencia $2\pi g$ le corresponden, lógicamente, 360°, y a un arco de $2\pi r$, equivalente a la longitud de la base, le corresponderá una parte $\alpha°$ de los 360°.

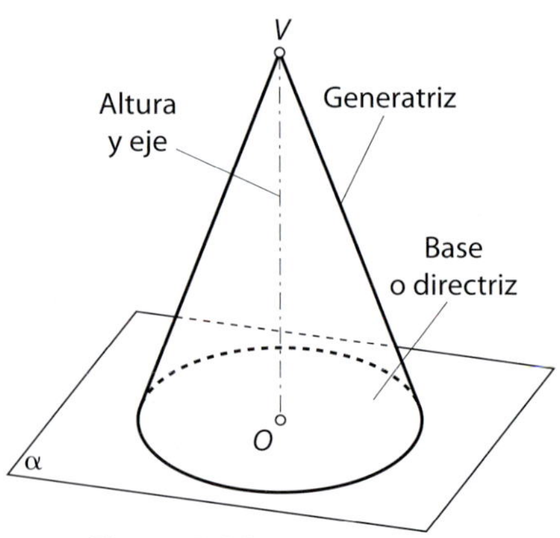

Figura 5.20.

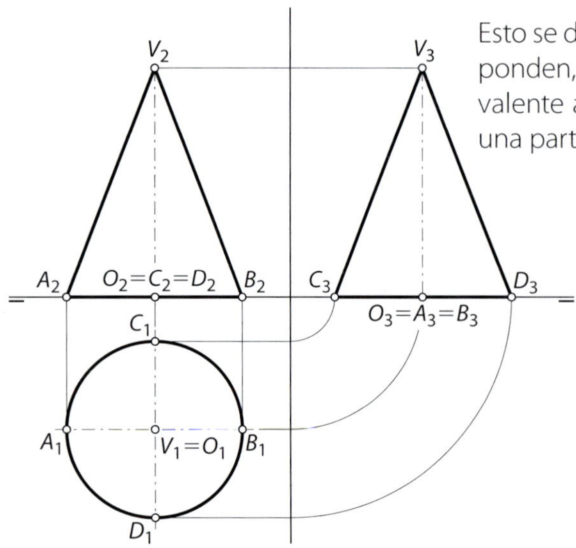

Figura 5.21.

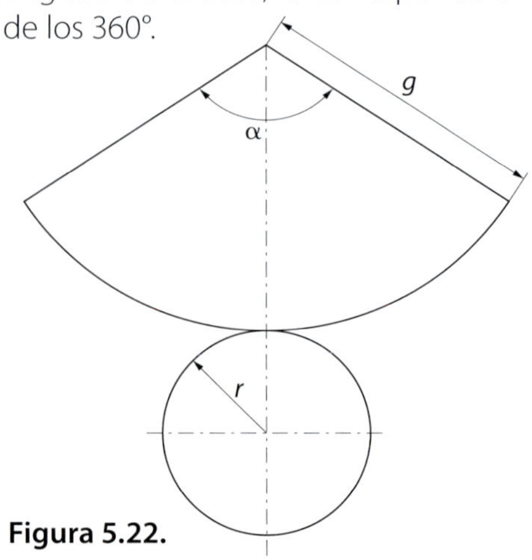

Figura 5.22.

Prisma

Un prisma se crea a partir de una recta llamada **generatriz,** que se traslada paralelamente a ella misma y se apoya en un polígono llamado **directriz** (Fig. 5.23). Las posiciones de la generatriz en los vértices del polígono se llaman **aristas.**

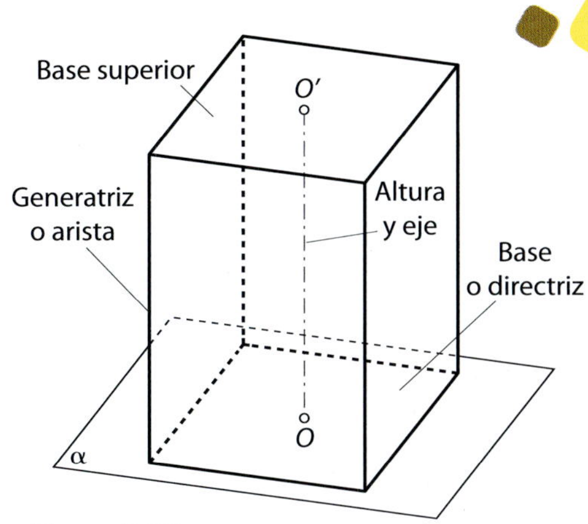

Figura 5.23.

Tipos de prismas

- **Prisma recto:** es aquel cuyas aristas son perpendiculares al plano de sustentación, es decir, donde está situada la base.
- **Prisma regular:** al igual que en el caso de la pirámide, es el prisma recto en el que el polígono de su base o directriz es regular.

Proyecciones diédricas

- Se sitúa la base dada sobre el horizontal de proyección. El prisma proyectado tiene por base un cuadrado, de manera que sus representaciones horizontales están confundidas al ser recto. Por ello, el cuadrado aparece en verdadera magnitud, y sus vértices son las representaciones horizontales de las aristas.
- Las proyecciones verticales de las bases se sitúan sobre la línea de tierra, una paralela a esta, y la otra, a la altura que tenga el prisma.
- Las aristas se proyectan sobre el plano vertical en verdadera magnitud, por ser paralelas a este plano.

Observa en las Figuras 5.24 y 5.25 la representación del sólido junto con la construcción de su desarrollo.

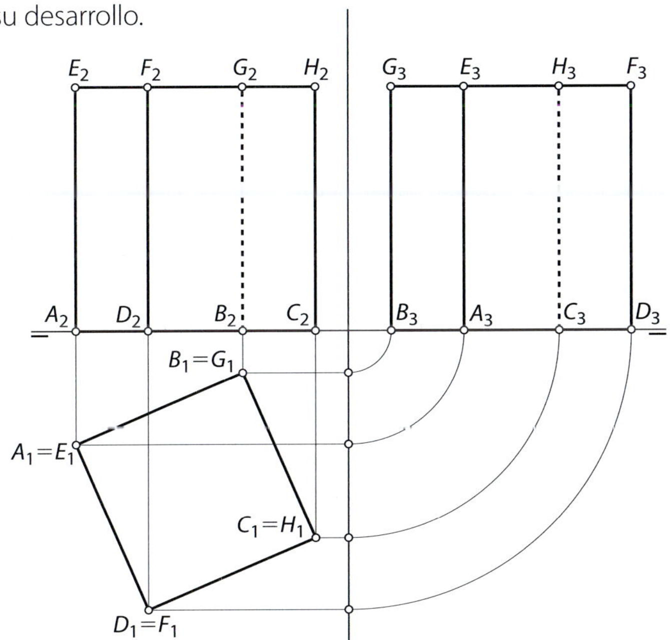

Figura 5.24.

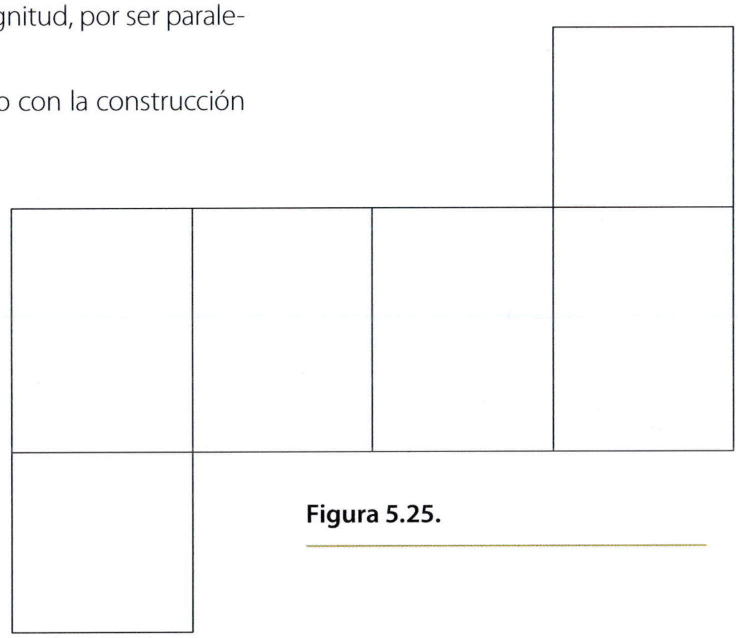

Figura 5.25.

Cilindro

Un cilindro se crea a partir de una recta llamada **generatriz** que, apoyada sobre una curva llamada **directriz,** se traslada paralelamente a sí misma (Fig. 5.26).

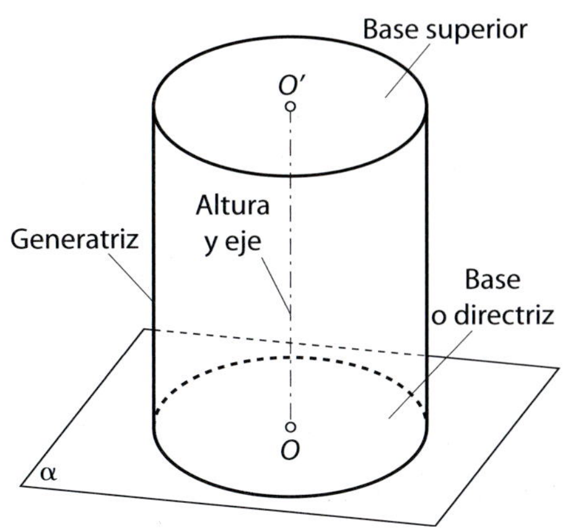

Figura 5.26.

Tipos de cilindros

- **Cilindro recto de revolución:** sus aristas son perpendiculares al plano de sustentación del mismo, es decir, donde está situada la base.

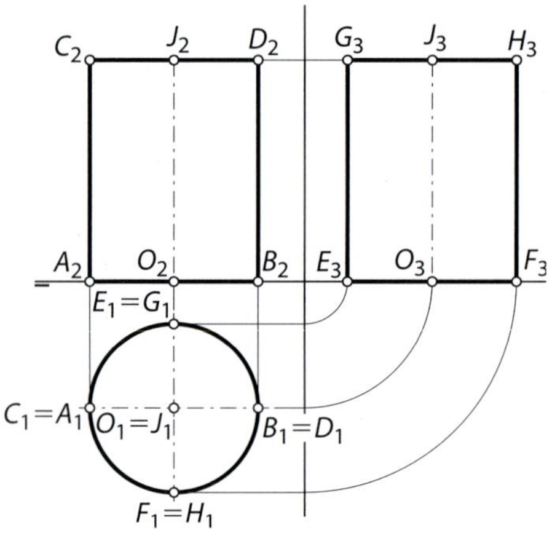

Figura 5.27.

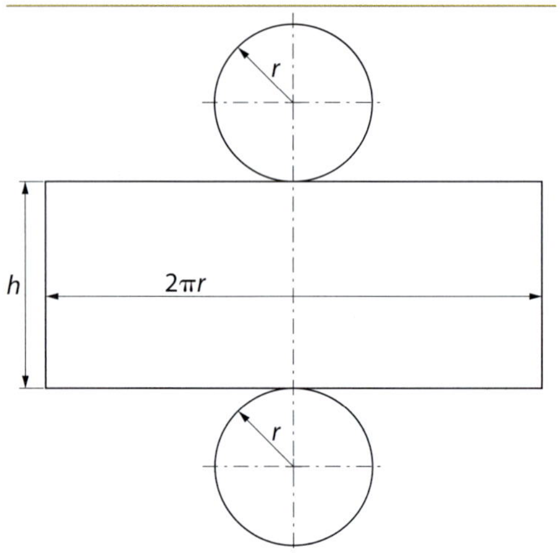

Figura 5.28.

- Proyecciones diédricas

- Las representaciones horizontales de las dos bases, la primera apoyada sobre el plano horizontal, y la segunda paralela a esta, aparecen en verdadera magnitud, es decir, una circunferencia.
- En la proyección vertical de las bases aparece una base sobre la línea de tierra y la otra sobre una paralela a ella a la altura que el cilindro posea.

Observa en las Figuras 5.27 y 5.28 la representación del sólido junto con la construcción de su desarrollo.

1.5 Poliedros regulares

Los cuerpos geométricos limitados por superficies poligonales planas se denominan poliedros. Dentro de este tipo de sólidos existen algunos, llamados regulares, que se caracterizan por tener caras, aristas y ángulos iguales entre sí, respectivamente. Son cinco: tetraedro, hexaedro o cubo, octaedro, dodecaedro e icosaedro (Fig. 5.29). Aquí nos centraremos en el estudio de las proyecciones diédricas y en los desarrollos de los tres primeros.

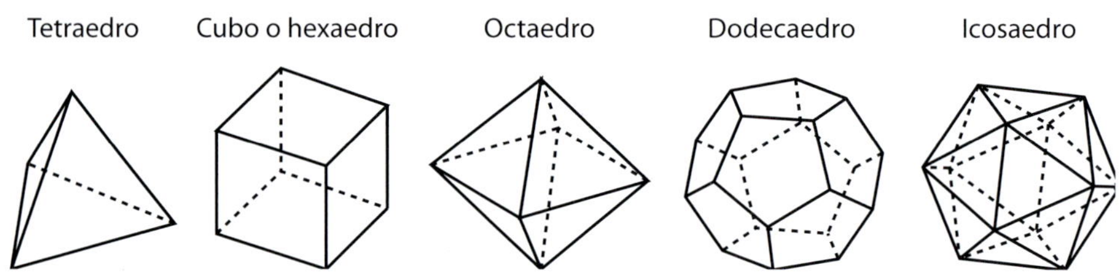

Figura 5.29.

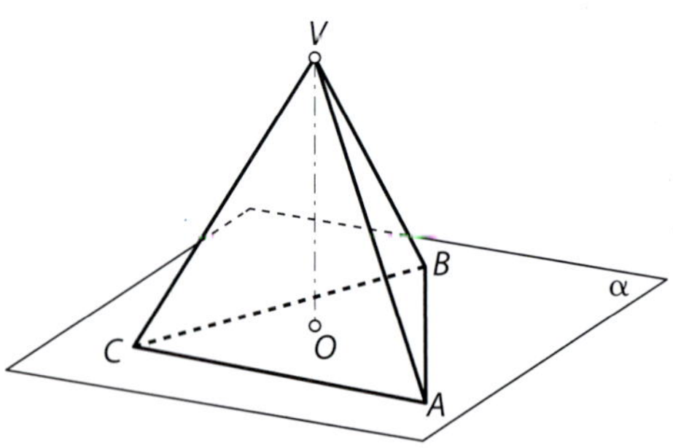

Figura 5.30.

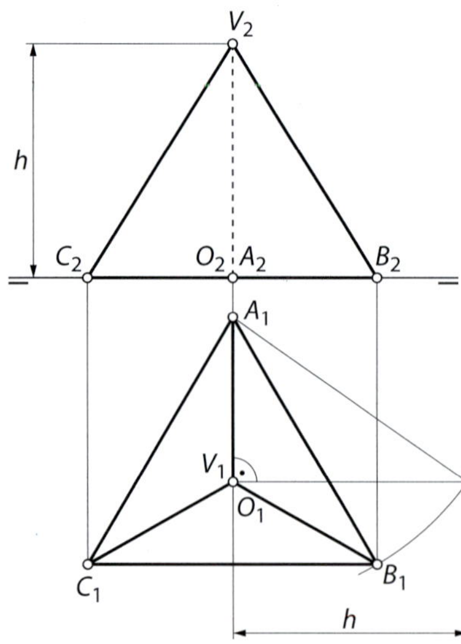

Figura 5.31.

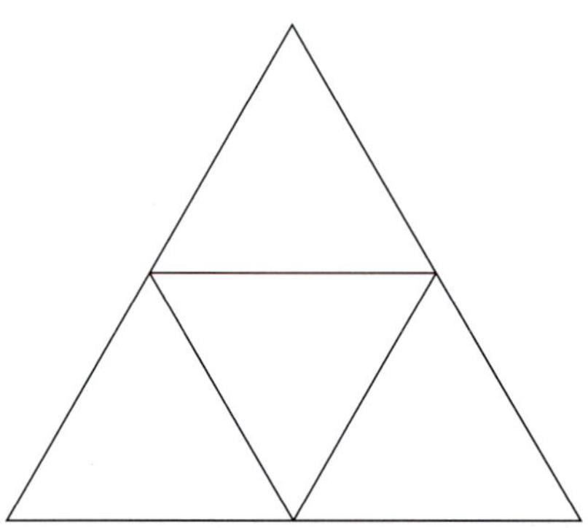

Figura 5.32.

- Tetraedro

El tetraedro regular es el poliedro compuesto de cuatro caras en forma de triángulo equilátero (Fig. 5.30). Tiene cuatro vértices y seis aristas, y no presenta diagonales.

A continuación vemos cómo se representa un tetraedro en el sistema diédrico, apoyado sobre una de sus caras en el plano horizontal de proyección (Fig. 5.31).

- Se parte del conocimiento de la longitud de la arista, que nos posibilita dibujar la proyección de la cara de apoyo en verdadera magnitud: un triángulo equilátero cuyo lado es la arista dada.
- A partir de este triángulo hallaremos fácilmente la altura *h* del poliedro levantando en V_1 la perpendicular a A_1V1, y cortando a esta en el punto *P* mediante un arco de circunferencia con centro en A_1 y radio igual al lado del triángulo.
- Bastará con llevar a partir de O_2 dicha longitud, es decir V_1P, para a continuación dibujar la proyección vertical del tetraedro.

El desarrollo del tetraedro queda determinado mediante la construcción de cuatro triángulos equiláteros, dispuestos en la posición que expone la Figura 5.32 de la página anterior.

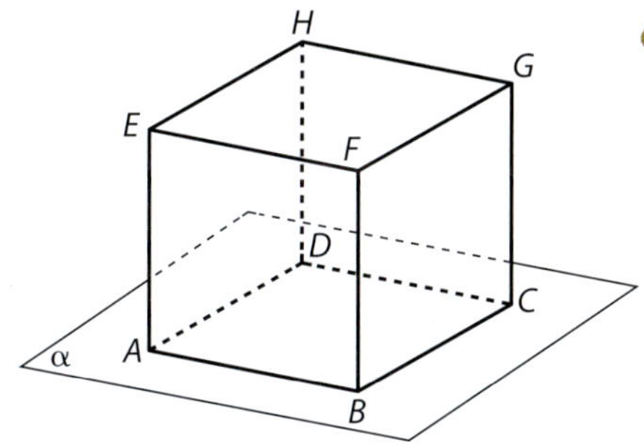

Figura 5.33.

Hexaedro

El hexaedro regular, también llamado cubo, es el poliedro formado por seis caras en forma de cuadrado (Fig. 5.33). Tiene ocho vértices y doce aristas; además, tiene cuatro diagonales que se cortan en su punto medio.

En el sistema diédrico, un hexaedro apoyado sobre el plano horizontal de proyección se representa del siguiente modo (Fig. 5.34):

- Construimos en proyección horizontal un cuadrado, $A_1B_1C_1D_1$, de lado igual a la arista del hexaedro *a*.
- En la proyección vertical, A_2, B_2, C_2 y D_2, se sitúa sobre la línea de tierra. La altura del hexaedro es igual a la arista *a;* por tanto, la cara opuesta a la apoyada está situada sobre un plano horizontal de igual cota a la longitud de la arista del cubo.

El desarrollo del cubo se consigue mediante la construcción de seis cuadrados dispuestos como se ve en la Figura 5.35.

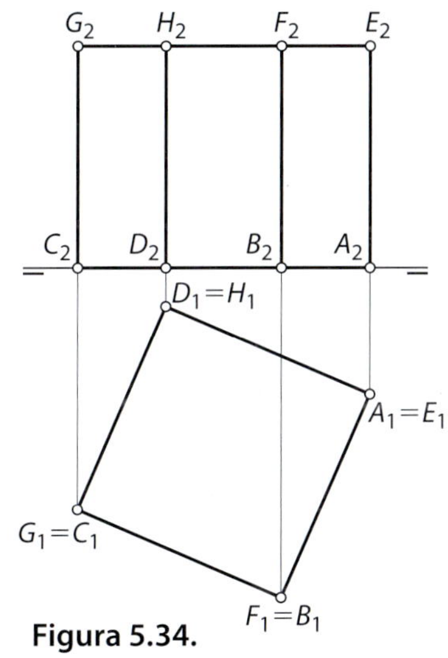

Figura 5.34.

Octaedro

El octaedro regular es un poliedro compuesto por ocho caras, que son triángulos equiláteros (Fig. 5.36). Tiene seis vértices, doce aristas y tres diagonales iguales que se cortan perpendicularmente entre sí en su punto medio.

Vamos a representar en sistema diédrico el octaedro dispuesto de tal manera que su diagonal sea perpendicular al plano horizontal de proyección, y partimos, también, del conocimiento del valor de su arista (Fig. 5.37).

La proyección horizontal se reduce a dibujar el cuadrado A_1, B_1, C_1 y D_1 con sus diagonales que, al cortarse en el punto M_1 que coincide con E_1, determinarán las cuatro caras de la parte superior del octaedro; las otras cuatro caras son tapadas por estas.

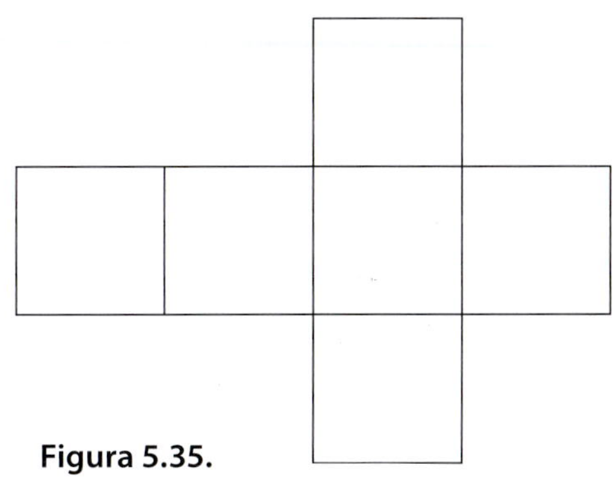

Figura 5.35.

El vértice M_2 estará situado sobre la línea de tierra a una altura igual a la diagonal del cuadrado. Las demás proyecciones, A_2, B_2, C_2 y D_2, de los puntos se sitúan a la mitad de la altura A_1C_1, estando la proyección E_2 en la línea de tierra.

El desarrollo del octaedro se determina mediante la construcción de ocho triángulos equiláteros dispuestos como se ve en la Figura 5.38.

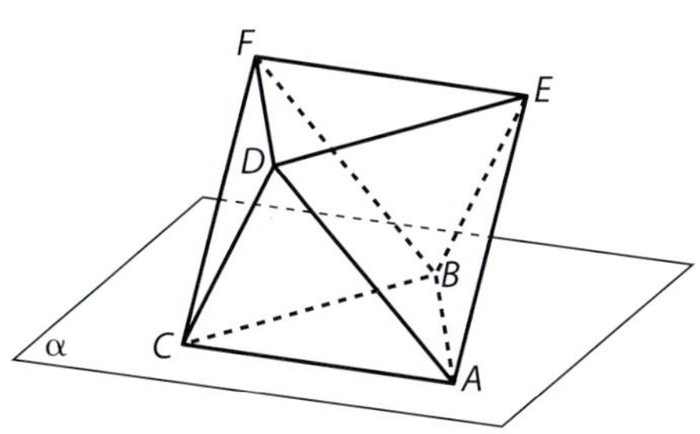

Figura 5.36.

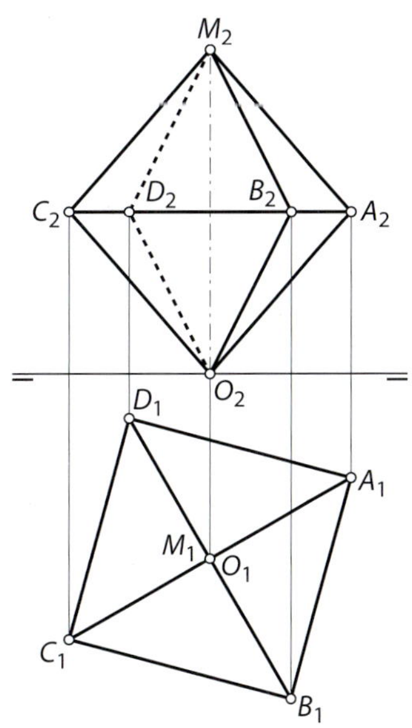

Figura 5.37.

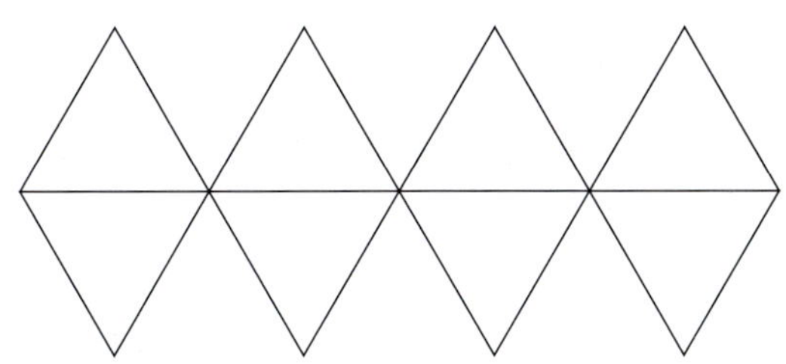

Figura 5.38.

Actividades finales

Sistema diédrico

Sobre un papel blanco de formato A4, transporta los datos de los ejercicios que te proponemos a continuación, y busca sus soluciones gráficas realizando sus trazados a lápiz. Después, repasa con rotulador fino las construcciones en las que te has basado para hallar la solución, y dibújala con un rotulador más grueso. Posteriormente, fundamenta por escrito las construcciones utilizadas y los pasos seguidos para solucionar los ejercicios.

1. Dibuja las rectas notables del plano α dado por sus trazas (Fig. 5.39).

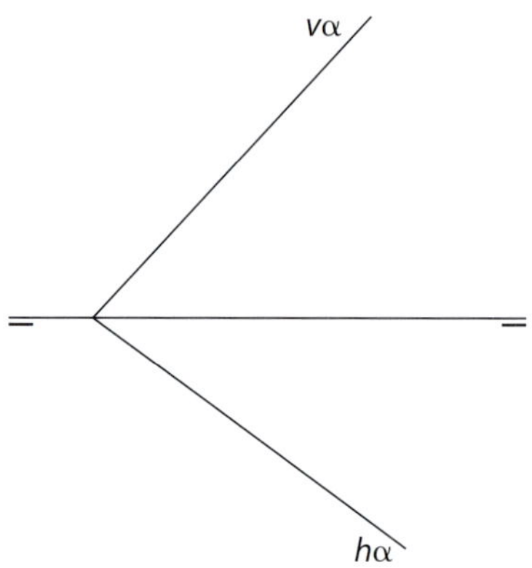

Figura 5.39.

2. Hallar el plano α sabiendo que la recta *r* dada es una recta de máxima inclinación de dicho plano (Fig. 5.40).

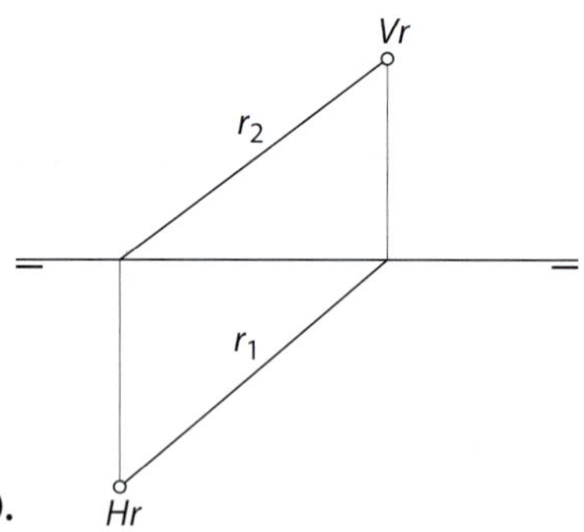

Figura 5.40.

3. En los dos casos siguientes (Figs. 5.41 y 5.42), halla la intersección del plano α con el plano β, y del π con φ.

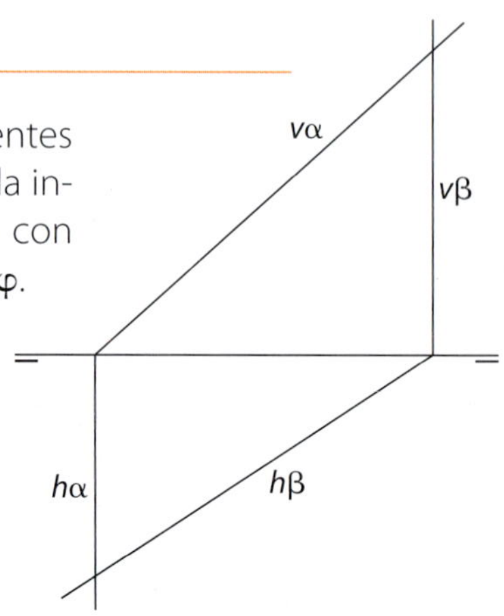

Figura 5.41.

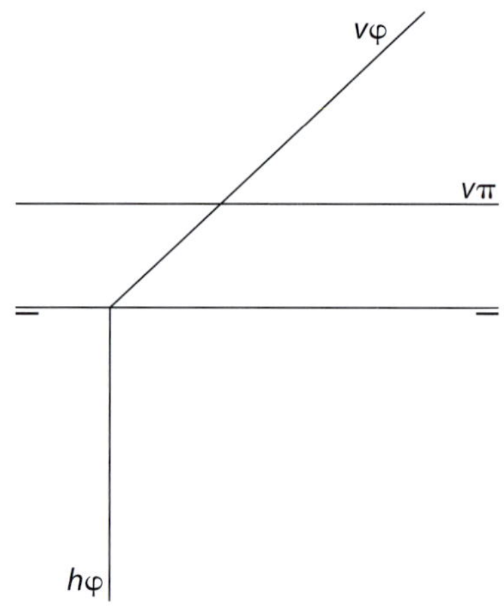

Figura 5.42.

4. Halla la intersección de la recta *r* con el plano α (Fig. 5.43).

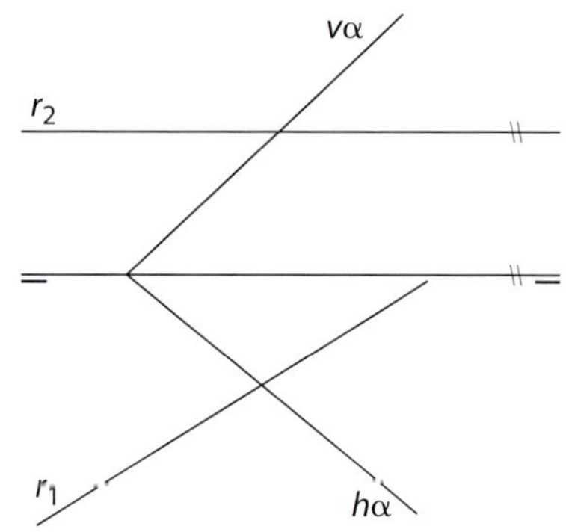

Figura 5.43.

5. Halla mediante un abatimiento sobre el plano horizontal de proyección la verdadera magnitud del triángulo *ABC* (Fig. 5.44).

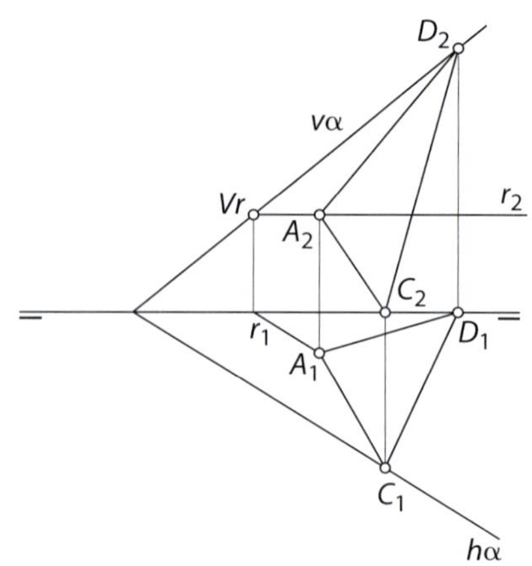

Figura 5.44.

6. Dibuja las proyecciones diédricas de un cilindro recto de 35 mm de radio de base y 100 de altura. Se sabe que está apoyado, por su base, en el plano vertical, y que su centro dista de la línea de tierra 50 mm.

2. El sistema axonométrico

2.1 Fundamentos del sistema

Si observamos la esquina de una habitación cualquiera, veremos que está formada por dos paredes (perpendiculares entre sí) y el suelo (Fig. 5.45). Es decir, tres planos ortogonales cuya intersección entre ellos da lugar a tres ejes principales. El punto común de estos es el origen de coordenadas ***O,*** y los ejes que aparecen serán ***X, Y*** y ***Z,*** respectivamente. Si situamos un plano que corte a los tres planos anteriores, obtenemos una representación de los tres ejes sobre el nuevo plano. En el sistema axonométrico, al plano de proyección se le denomina **plano del cuadro,** y las proyecciones de los tres ejes principales sobre el plano del cuadro serán los **ejes del sistema de representación *(OX, OY, OZ).*** El triángulo que forma la intersección del plano del cuadro con el triedro se denomina **triángulo de trazas.**

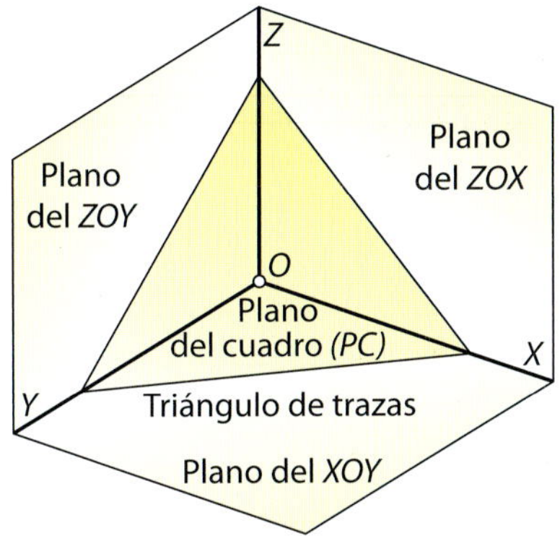

Figura 5.45.

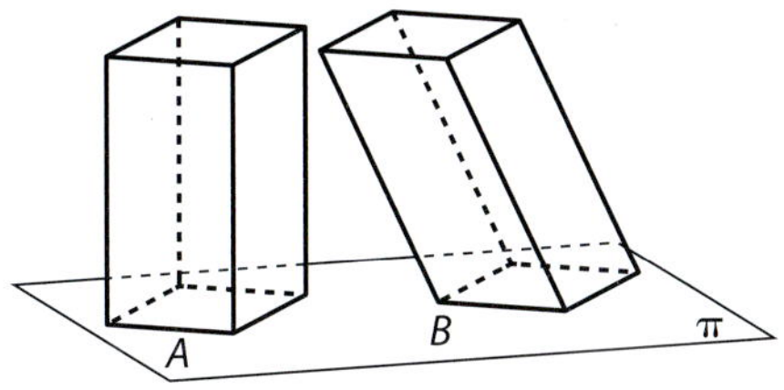

Figura 5.46.

2.2 Tipos de proyecciones cilíndricas

Si situamos un objeto entre los cuatro planos y lo proyectamos de forma que los rayos proyectantes sean paralelos entre sí, todos los puntos proyectados del objeto sobre el plano del cuadro, **PC,** configuran una representación axonométrica de dicho objeto. Por tanto, en el sistema axonométrico las proyecciones son paralelas entre sí; si estas son perpendiculares al plano del cuadro obtendremos una proyección cilíndrica ortogonal denominada **axonometría ortogonal,** y si son oblicuas se denominará cilíndrica oblicua o **axonometría oblicua** (Fig. 5.46).

Cuando se proyecta un objeto en este sistema, sus magnitudes varían; la razón existente entre el tamaño de un objeto real y su imagen proyectada se denomina **coeficiente de reducción.** Cuando no se utiliza este coeficiente, se dice que se está realizando un **dibujo isométrico** (Fig. 5.47); sin embargo, cuando se aplica, se obtiene una **perspectiva isométrica.**

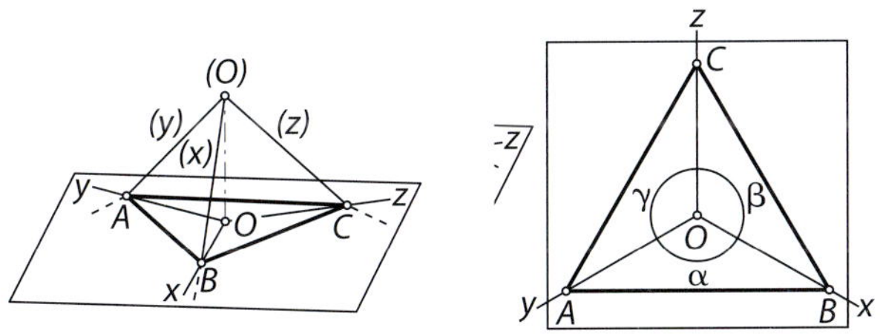

Figura 5.47.

2.3 Tipos de axonometría ortogonal

Al proyectar los ejes axonométricos *(X, Y, Z)* sobre el plano del dibujo, forman entre sí los ángulos α, β y γ, cuyos valores difieren dependiendo de la posición que estos ejes tengan con respecto al plano. Las diferencias de ángulos generan las tres axonometrías siguientes (Fig. 5.48):

- **Perspectiva isométrica** (Fig. 5.48a): los tres ángulos α, β y γ, son iguales. El coeficiente de reducción es el mismo para los tres ejes.
- **Perspectiva dimétrica** (Fig. 5.48b): dos ángulos son iguales y otro es distinto; por tanto, dos coeficientes de reducción son iguales y el otro desigual.
- **Perspectiva trimétrica** (Fig. 5.48c): todos los ángulos son diferentes, al igual que los coeficientes de reducción.

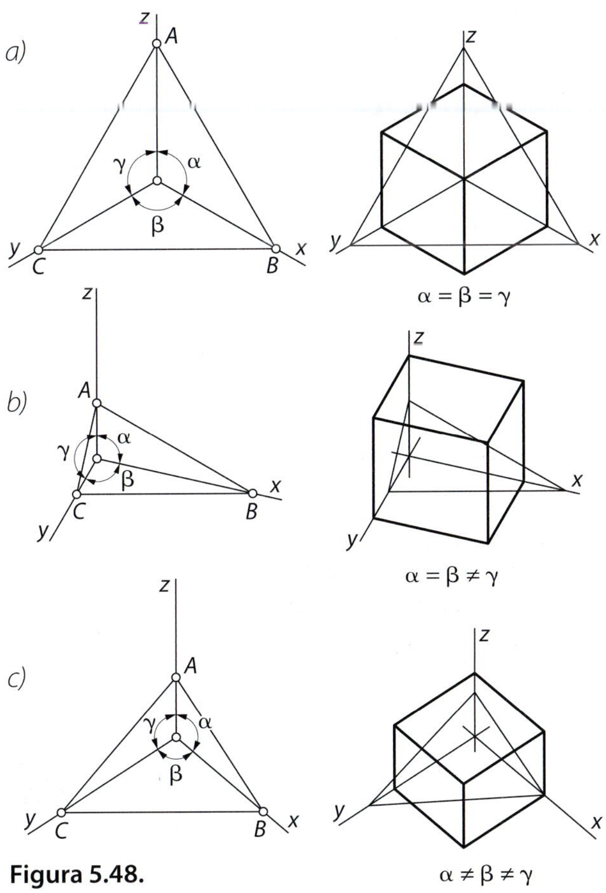

Figura 5.48.

2.4 Trazados del punto y la recta

Los trabajos que vamos a desarrollar a continuación estarán basados en el **dibujo isométrico;** por tanto, los ejes *(X, Y, Z)* han de formar 120° entre sí y no se aplicará ningún coeficiente de reducción a las proyecciones.

El punto

Un punto *A* está representado por sus proyecciones sobre los planos coordenados *XOY*, *ZOX* y *ZOY* mediante las anotaciones A_1, A_2 y A_3, respectivamente (Fig. 5.49).

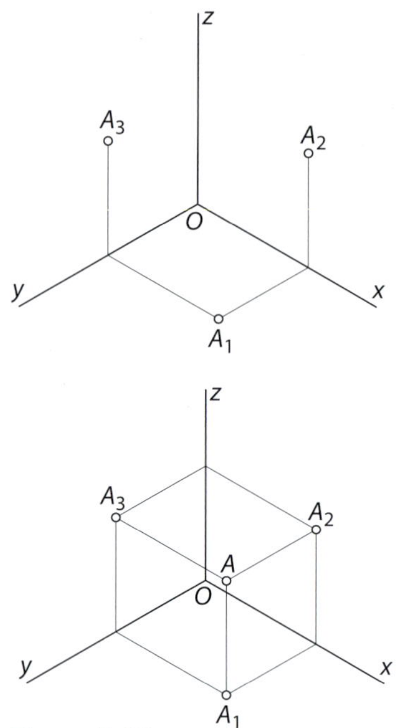

Figura 5.49.

Para hallar estas proyecciones y la perspectiva del punto o proyección directa, es decir, la representación de este punto sobre el plano del cuadro, basta con situar sus coordenadas sobre los ejes y trazar paralelas a los mismos. Las proyecciones que determinan un punto toman las siguientes denominaciones:

- Proyección horizontal, A_1.
- Proyección vertical, A_2.
- Proyección de perfil, A_3.
- Proyección directa, *A*.

Dos proyecciones son suficientes para determinar la posición exacta de un punto.

La recta

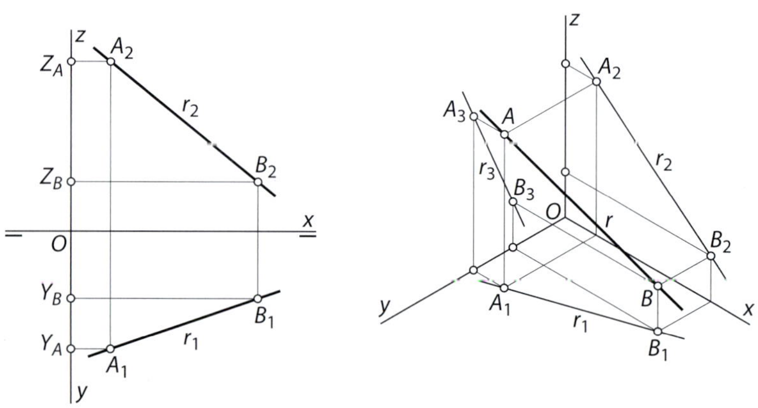

Figura 5.50.

La recta viene representada, como mínimo, por dos de sus cuatro proyecciones: r_1, r_2, r_3 y *r*. Si conocemos las proyecciones de dos de sus puntos, podremos representar la recta que los contiene. Para eso basta con unir las proyecciones homónimas de los puntos; así habremos obtenido su representación. En la Figura 5.50 queda reflejado el proceso que se ha seguido para representar en este sistema una recta dada en el sistema diédrico.

Las **trazas de una recta** son los puntos en los que la recta hace intersección con los planos de proyección. En dibujo isométrico, para hallar las trazas de una recta *r* dada por sus proyecciones r_1 y r_2, actuaremos como se ve en la Figura 5.51.

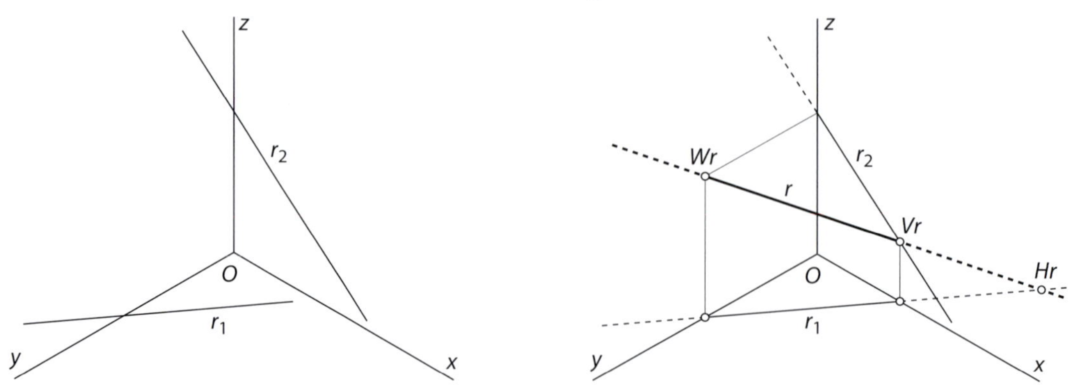

Figura 5.51.

Representación del plano

En el sistema axonométrico ortogonal, un plano está determinado por las trazas de este con los planos *ZOX*, *XOY* y *ZOY*, respectivamente. En este sistema, las trazas se cortan dos a dos en un punto de cada eje (Fig. 5.52).

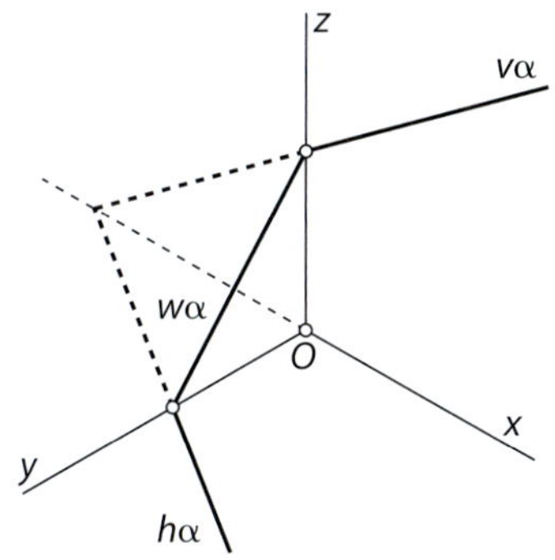

Figura 5.52.

- Un plano puede estar determinado por tres puntos no alineados, dos rectas que se cortan, una recta y un punto exterior a ella y dos rectas paralelas (Fig. 5.53).
- Para que una recta esté contenida en un plano, las trazas han de estar formando parte de las trazas del plano (Fig. 5.54).
- Para que un punto pertenezca a un plano, ese punto debe corresponder a una de las rectas que configuran el plano. Para ello, las proyecciones homónimas del punto han de coincidir con las de la recta (Fig. 5.55).

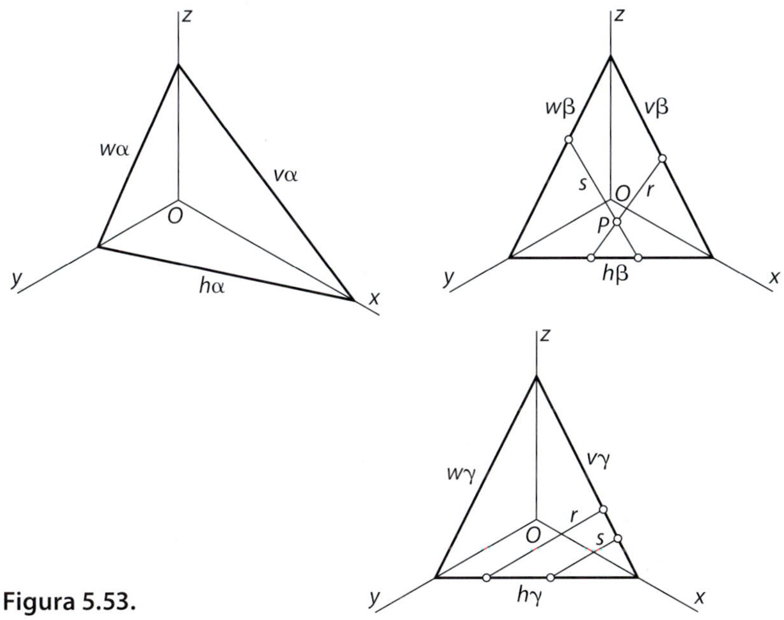

Figura 5.53.

Trazado de formas planas

A continuación, se propone la representación de una figura plana dada en el sistema diédrico (un pentágono en este caso) en dibujo isométrico (Fig. 5.56).

La mejor estrategia para dibujar formas planas complejas consiste en inscribirlas en otras de configuración más sencilla, como cuadrados o rectángulos. Así se trazan las perspectivas de estas figuras elementales de apoyo y sobre ellas se sitúan los puntos importantes, como vértices, centros o puntos significativos de curvas de la figura que se quiere representar.

Observa el desarrollo gráfico seguido para representar el pentágono en dibujo isométrico en los diferentes planos de proyección *(ZOX, XOY* y *ZOY)*.

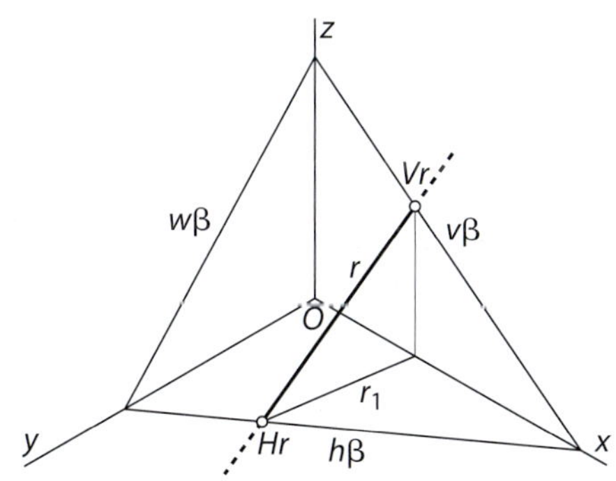

Figura 5.54.

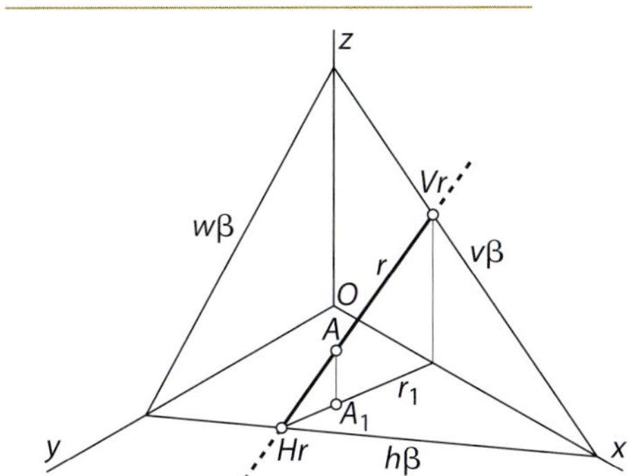

Figura 5.55.

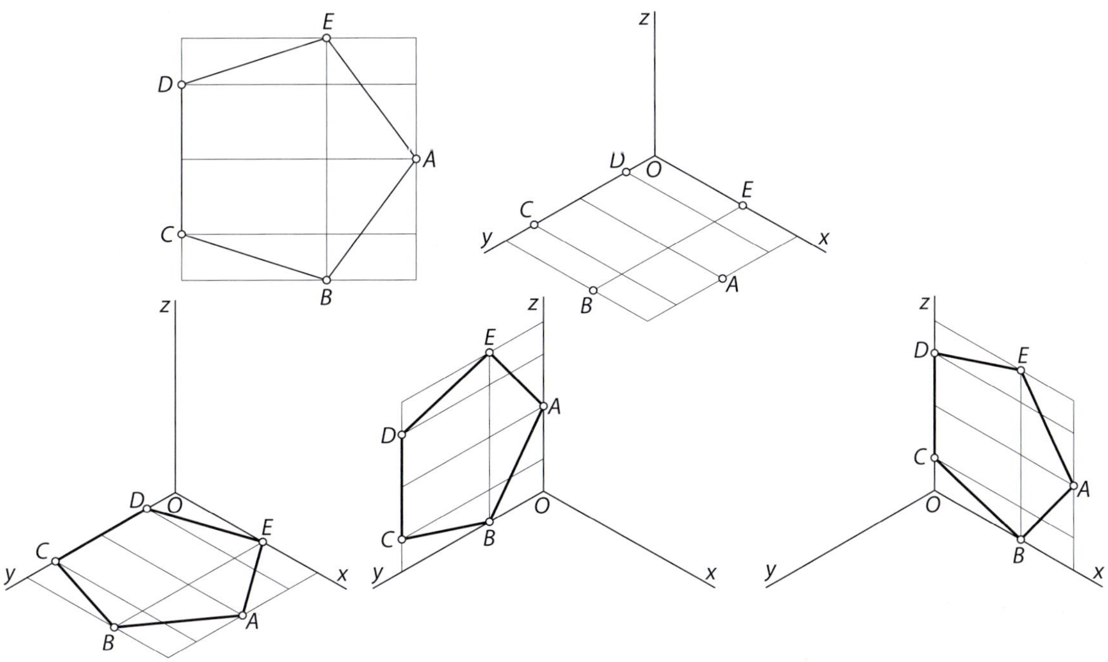

Figura 5.56.

Veamos ahora cómo se procede a representar en dibujo isométrico una figura plana que se encuentra en el espacio (un cuadrado), dada en el sistema diédrico. Los datos son los que se desprenden de la Figura 5.57, y los pasos dados son los siguientes:

- Se sitúa el cuadrado en una retícula ortogonal.
- Se dibuja la retícula en perspectiva, trazando paralelas a los ejes.
- Se sitúan los vértices del cuadrado sobre la retícula y se construye este.
- Desde los vértices A_1, B_1, C_1 y D_1, se trazan paralelas al eje *Z*, y sobre ellas se lleva la distancia *d* con lo que resultan los vértices *A*, *B*, *C* y *D*.

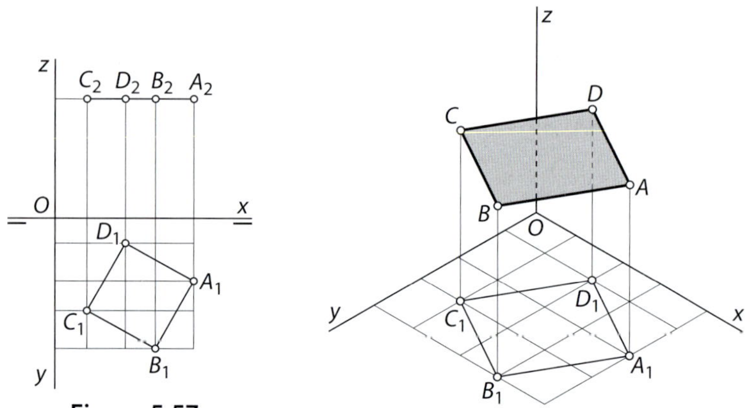

Figura 5.57.

Trazado de la circunferencia

La representación de la circunferencia en perspectiva isométrica es una elipse. Sin embargo, en el denominado dibujo isométrico se admite el óvalo inscrito en el rombo, figura en el que se transforma el cuadrado circunscrito a la circunferencia, como sustituto de la elipse isométrica.

En las Figuras 5.58 y 5.59 se pueden seguir los procesos de los que resultan las perspectivas de la circunferencia situada en los planos *ZOX*, *XOY* y *ZOY*:

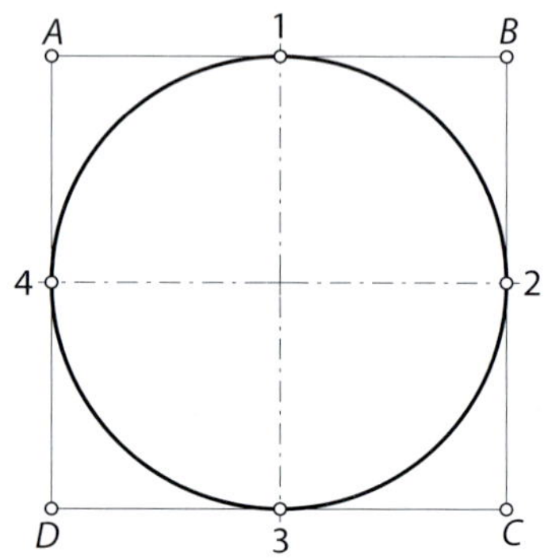

Figura 5.58.

- Se parte siempre del cuadrado que circunscribe a la circunferencia *A*, *B*, *C* y *D*. Este cuadrado se transforma en el rombo *A'*, *B'*, *C'* y *D'*, mediante la aplicación del procedimiento para trazar figuras planas expuesto antes.
- El vértice *A'* se une con los puntos 2 y 3; el vértice *C'* se une con los puntos 1 y 4. Estos segmentos se cortan en los puntos *O* y *O'*, los cuales, junto con *A'* y *C'*, son los centros de los cuatro arcos de circunferencia que forma el óvalo.
- Se trazan dos arcos de radio *A'*2 y *C'*4, respectivamente.
- Por último, se trazan dos arcos con radios *O*3 y *O'*1.

Siguiendo procesos similares, se dibujan las perspectivas de las circunferencias situadas en los planos *ZOX* y *ZOY*.

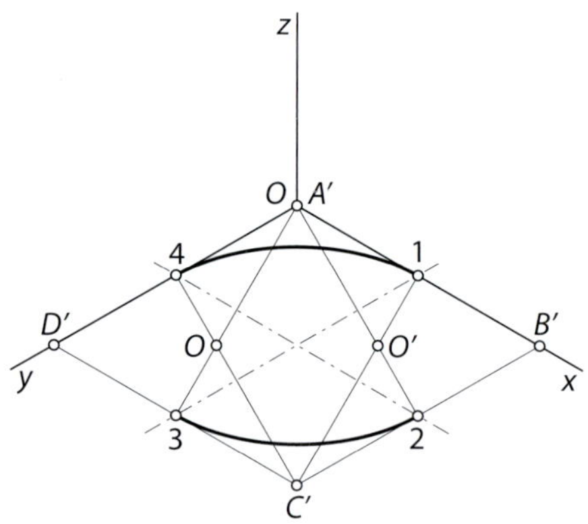

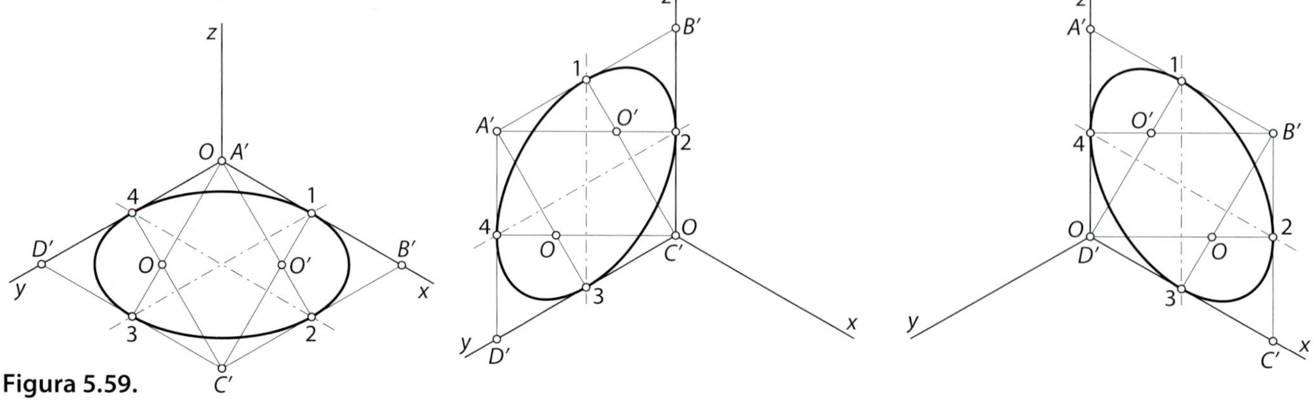

Figura 5.59.

Trazado de sólidos

Para representar sólidos en perspectiva isométrica, conviene partir de los datos más significativos del cuerpo volumétrico. Esta información suele venir dada por el sistema diédrico mediante sus representaciones en planta, alzado y vista lateral.

Para pasar de la representación de un cuerpo en el sistema diédrico a dibujo isométrico es importante que su posición no varíe en el cambio. Para ello, se debe representar la situación del cuerpo respecto a los planos de proyección. Por tanto, los ejes isométricos tendrán que coincidir con el sistema de coordenadas de la representación diédrica.

En la representación del sólido que ves a continuación (Fig. 5.60) puedes observar el proceso de elaboración que se ha seguido para llegar a su dibujo isométrico partiendo de sus proyecciones diédricas.

1. Se parte de las proyecciones en el sistema diédrico.
2. Se dibuja un sistema de coordenadas para situar los puntos 1, 2, 3… y 9 de la base del sólido.
3. Las coordenadas pasan a ser los ejes isométricos. Se transportan las medidas tomadas en las proyecciones diédricas al dibujo isométrico.
4. Se llevan a las aristas laterales del sólido sus correspondientes alturas y se completa su trazado.

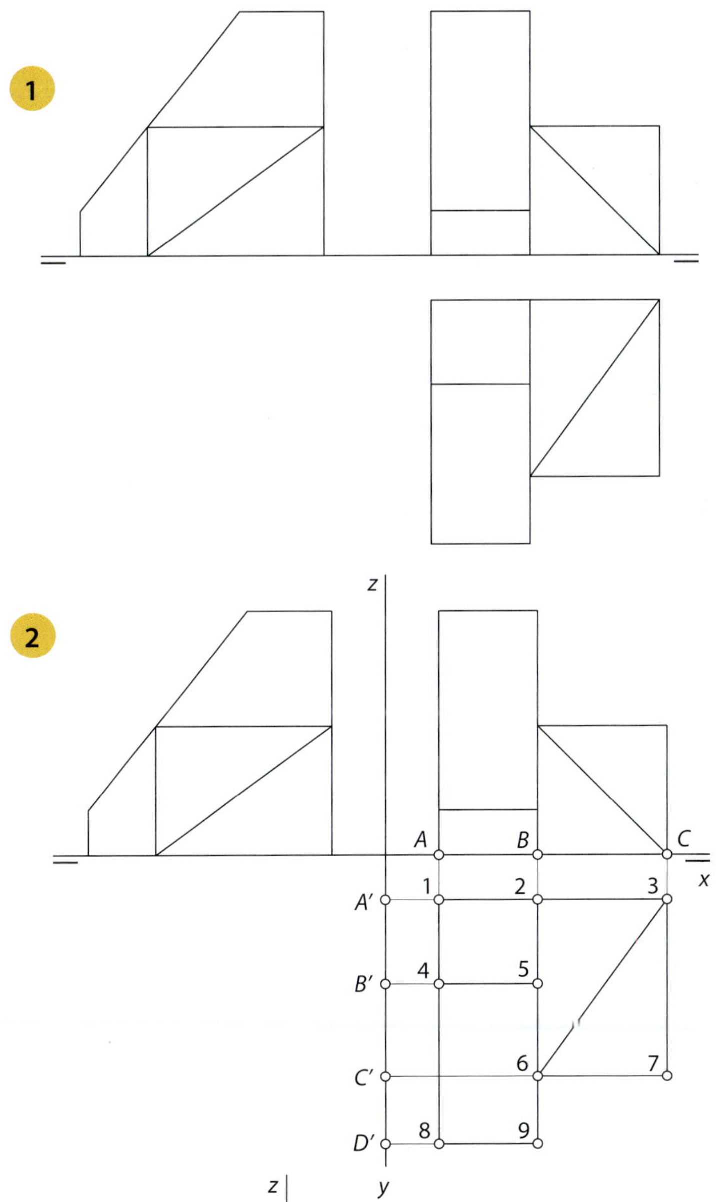

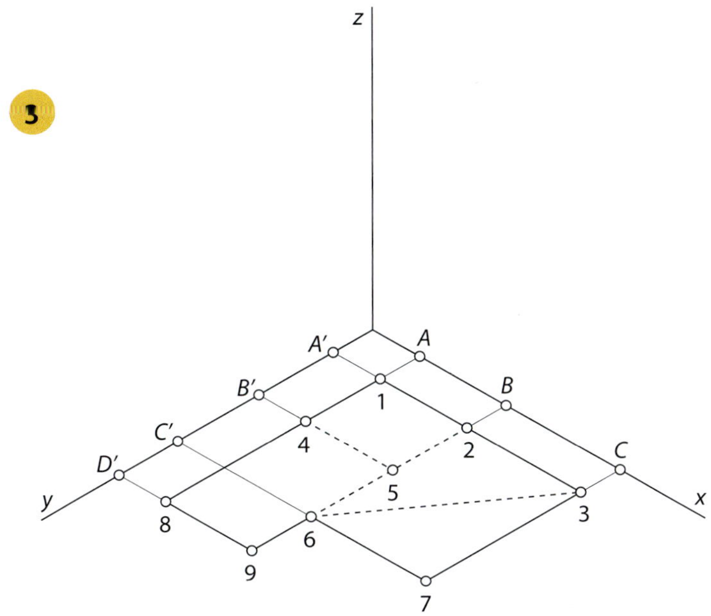

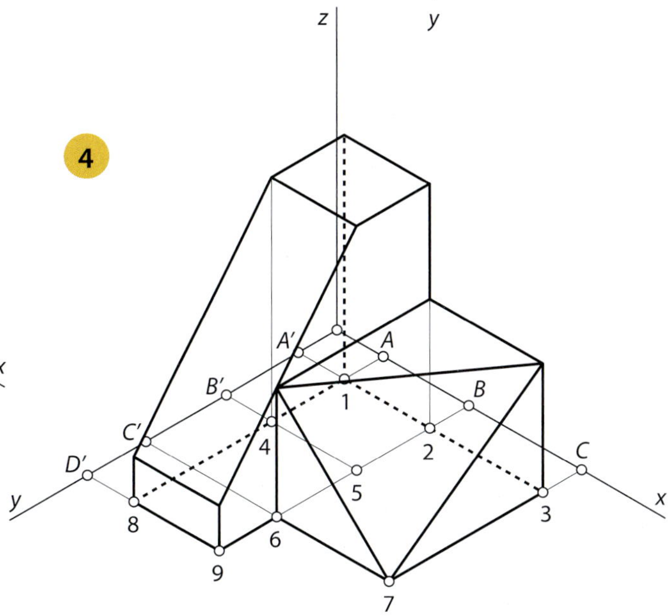

Figura 5.60.

Sólidos de revolución: cono y cilindro recto

Este tipo de sólidos tiene como base la circunferencia que ya hemos estudiado anteriormente. Su representación en dibujo isométrico se reduce a aplicar el método de construcción de la mencionada circunferencia y, conocidas las alturas del cono y del cilindro, bastará con situarlas a partir del centro de la base, sobre su eje, para determinar el centro de la circunferencia de la base superior del cilindro o vértice del cono. Observa en las Figuras 5.61 y 5.62 el modo en que se construyen estos sólidos.

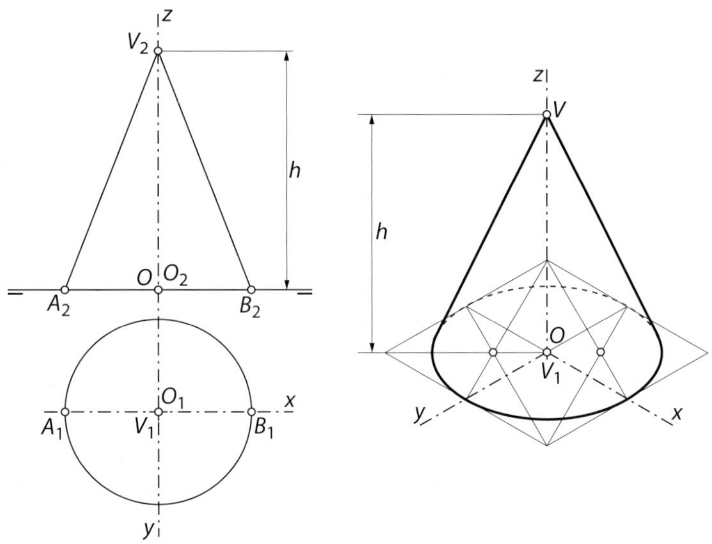

Figura 5.61.

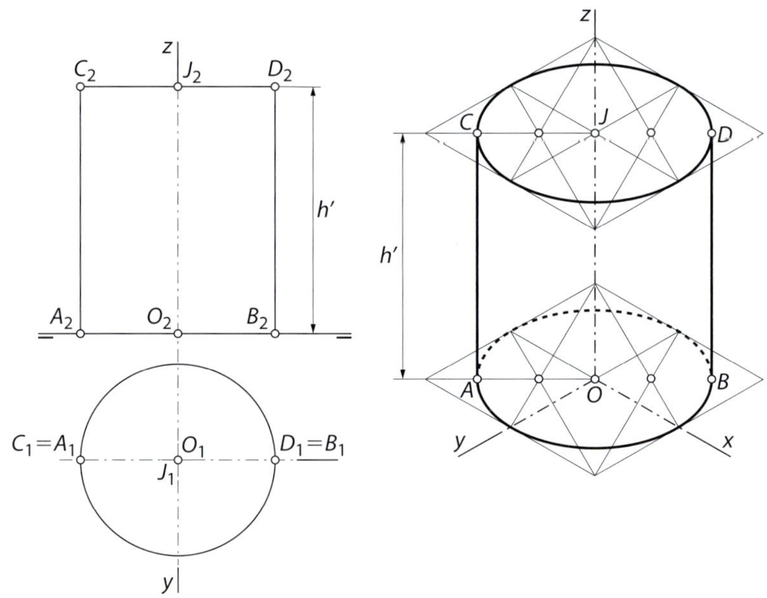

Figura 5.62.

Pirámide y prisma recto

En la construcción de estos sólidos se procede de manera similar a los casos del cono y del cilindro recto, con la única diferencia de que la pirámide y el prisma tienen base poligonal en vez de circunferencias, y aristas en lugar de generatrices. En las Figuras 5.63 y 5.64 puedes seguir los trazados efectuados para su realización.

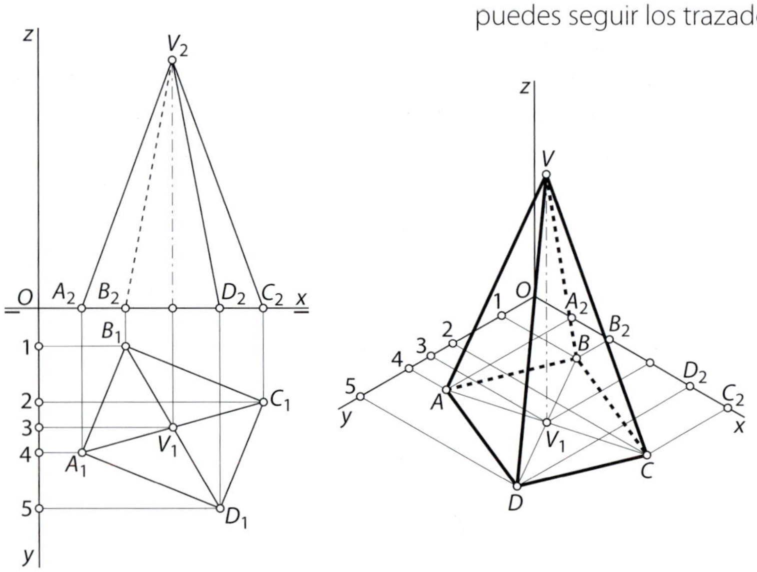

Figura 5.63.

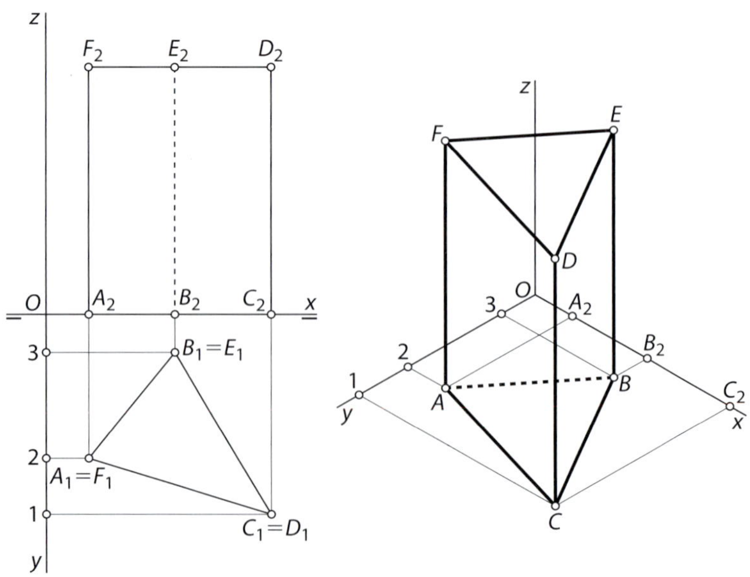

Figura 5.64.

Actividades finales

Representación de puntos, rectas, planos y figuras planas en dibujo isométrico

Sobre un papel blanco de formato A4, transporta los datos de los ejercicios que te proponemos a continuación y busca sus soluciones gráficas realizando sus trazados a lápiz. Después, repasa con rotulador fino las construcciones en las que te has basado para hallar la solución y dibújala con un rotulador más grueso. Posteriormente, fundamenta por escrito las construcciones utilizadas y los pasos seguidos para solucionar los ejercicios.

1. Partiendo de las proyecciones de los puntos B_1 y B_2, y A y A_3, busca las proyecciones directas de las rectas que definen y la proyección horizontal de las mismas (Fig. 5.65).

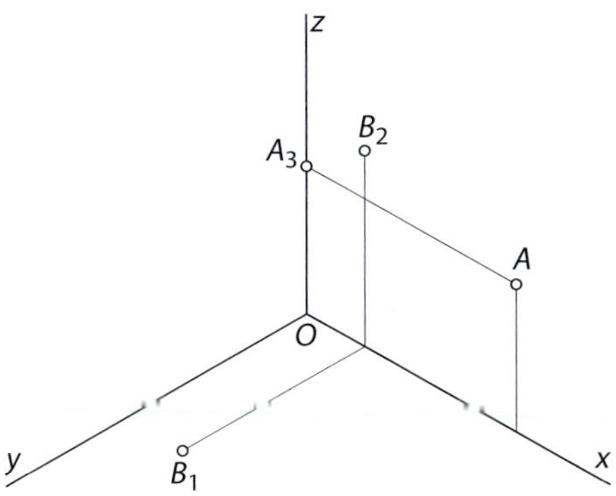

Figura 5.65.

2. Halla las trazas del plano a que contiene a los puntos *A, B* y *C* (Fig. 5.66).

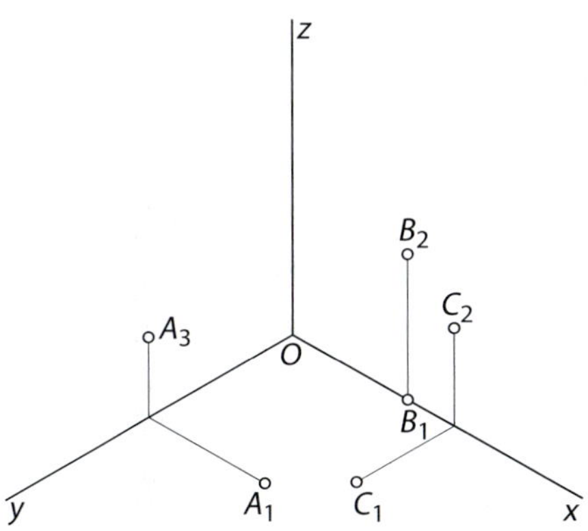

Figura 5.66.

3. Halla el dibujo isométrico de la siguiente figura dada en el sistema diédrico (Fig. 5.67).

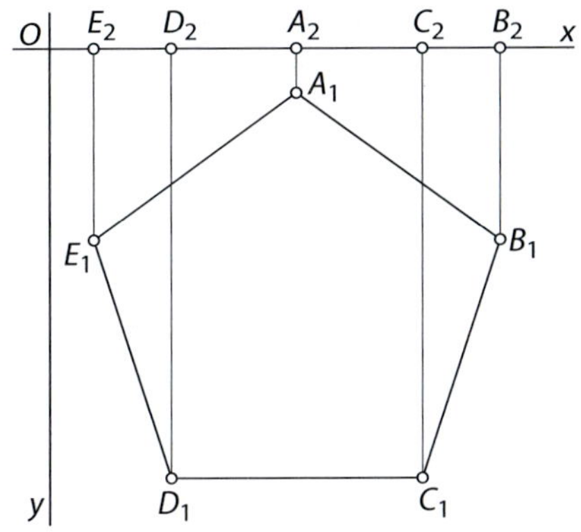

Figura 5.67.

Paso de las proyecciones diédricas de un objeto a dibujo isométrico

4. Dadas las proyecciones diédricas de los sólidos siguientes (Figs. 5.68 y 5.69), dibújalos en dibujo isométrico. Para que su trazado te resulte más fácil, dibuja cada uno de los cuerpos sobre un papel blanco de formato A4.

Toma sus medidas directamente sobre estas proyecciones diédricas y aplícales una escala de 3/2. Haz todo el proceso de dibujo con un lápiz de dureza 2H y, cuando hayas terminado, repasa con rotulador las aristas vistas del objeto en perspectiva.

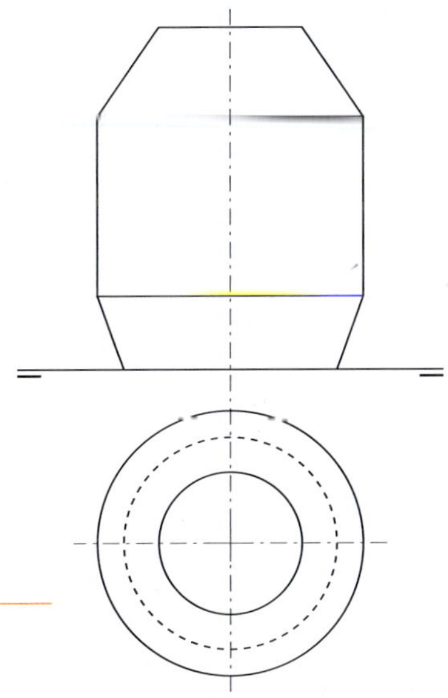

Figura 5.68.

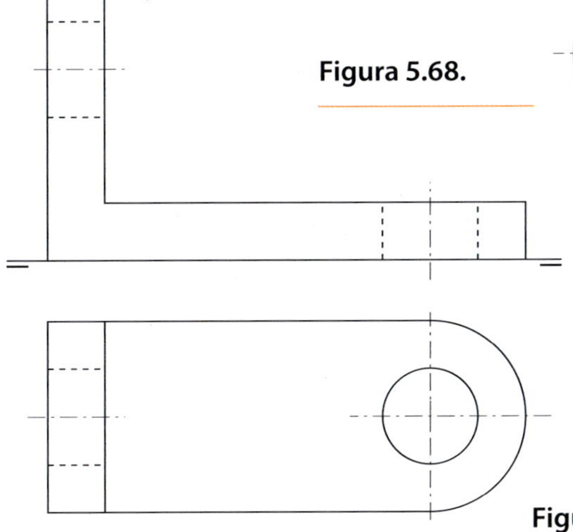

Figura 5.69.

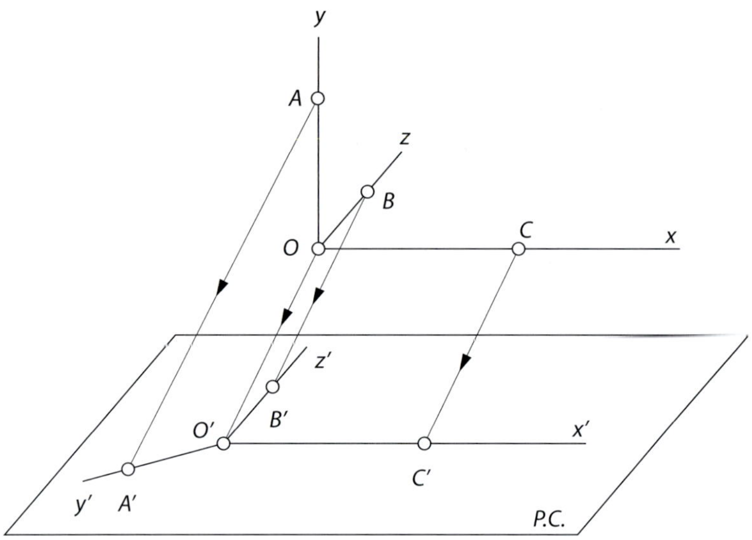

Figura 5.70.

2.5 La perspectiva caballera

La perspectiva que se obtiene al proyectar un punto, figura plana o cuerpo volumétrico del espacio en el plano del cuadro o del dibujo, según una **proyección cilíndrica oblicua,** se denomina **perspectiva caballera** (Fig. 5.70).

Esta perspectiva se fundamenta en el uso de un triedro trirrectángulo, cuyas trazas se toman como ejes de referencia del sistema y de medida *(X, Y, Z)*. Los ejes que expresan las magnitudes de altura *Z* y anchura *X* de una figura conservan sus dimensiones reales, por ser el plano *ZOX* paralelo o por estar formando parte del plano del cuadro.

Sin embargo, el eje *Y*, perpendicular a dicho plano, expresa la profundidad, la cual se ve modificada aplicando un coeficiente de reducción para lograr que la representación gráfica del objeto transfiera la sensación de realidad de sus proporciones reales.

Coeficiente de reducción

Como se puede apreciar en la Figura 5.71, al proyectar los ejes sobre el plano del dibujo, el eje *Y* no permanece en verdadera magnitud. Se forma una relación métrica entre magnitudes reales, es decir, las del espacio y las obtenidas en el dibujo al ser proyectadas las primeras. Tal relación métrica se conoce como **coeficiente de reducción,** y habitualmente la determina el dibujante en función de criterios de mayor claridad y rigor o de otros puramente estéticos.

El coeficiente se puede establecer de manera gráfica o numéricamente, siendo los valores más empleados 1/2, 2/3 y 3/4, aunque cabe utilizar cualquier otra fracción que sea menor que la unidad para no generar desproporciones en el dibujo (Fig. 5.72).

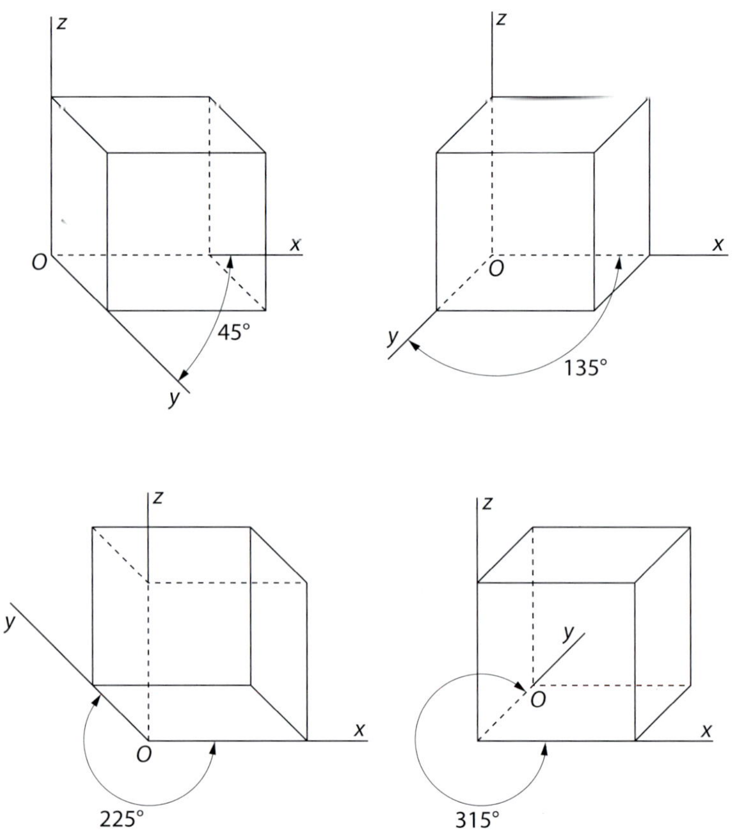

Figura 5.71.

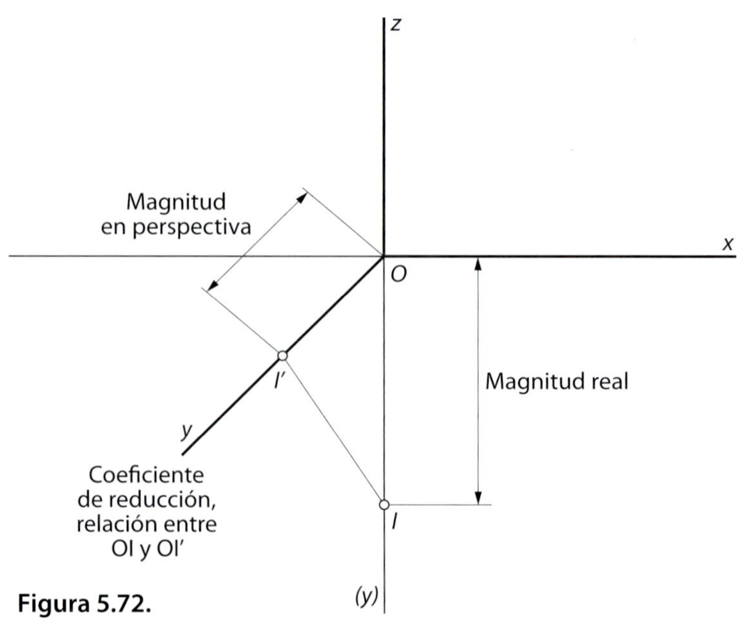

Figura 5.72.

Trazado del punto

Las representaciones del punto en perspectiva caballera son iguales que las representaciones en el dibujo isométrico, es decir, se definen cuatro proyecciones: una directa sobre el plano de cuadro *A*, y otras tres A_1, A_2 y A_3, sobre los planos del triedro (Fig. 5.73).

En este tipo de axonometría, un punto también se puede definir gráficamente con solo dos de sus proyecciones, y todas ellas se consiguen situando las coordenadas del punto sobre los ejes y trazando paralelas a los mismos.

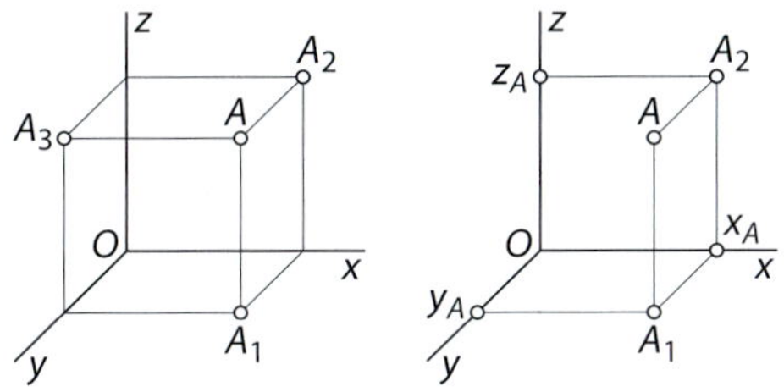

Figura 5.73.

Trazado de la recta

La recta, al igual que el punto, tiene cuatro proyecciones, y también queda definida cuando están determinadas dos de ellas (Fig. 5.74). Conociendo las proyecciones de dos puntos *A* y *B*, es posible situar las proyecciones de la recta que los contiene y hallar sus puntos traza.

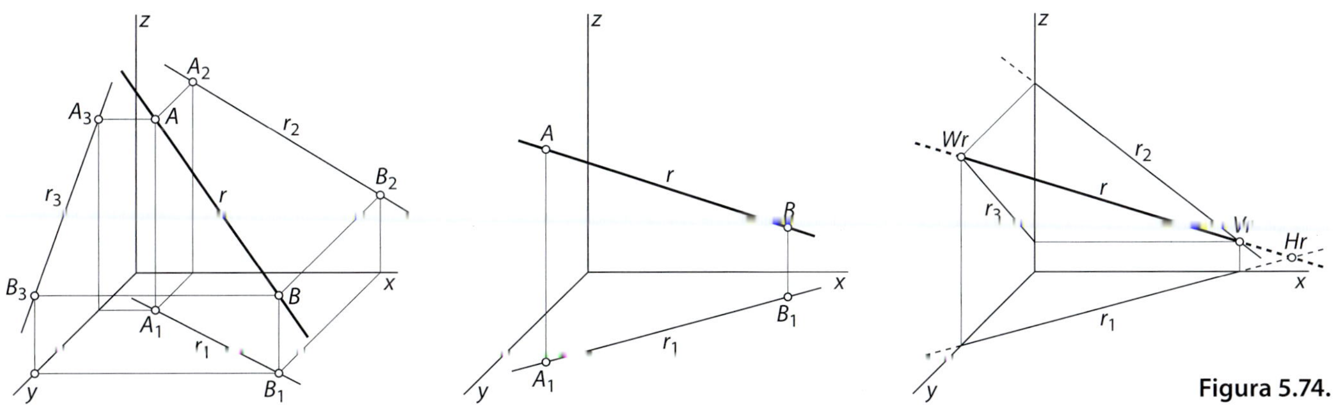

Figura 5.74.

Representación del plano

Como hemos visto en los sistemas anteriores, un plano se representa por sus trazas, y puede estar definido por tres puntos no alineados, por dos rectas que se cortan, por dos rectas paralelas o por una recta y un punto exterior a ella (Fig. 5.75).

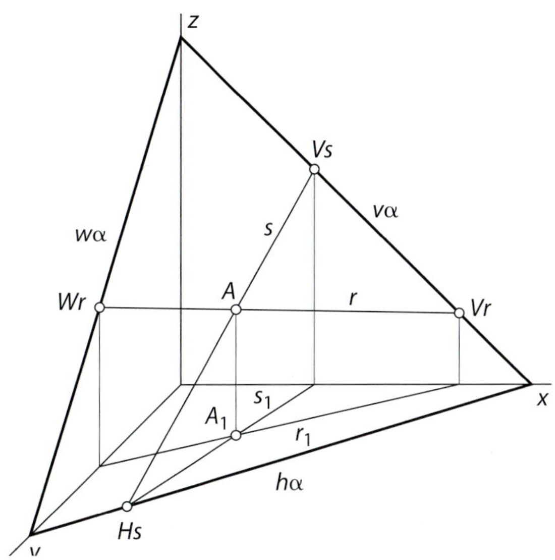

Figura 5.75.

Trazado de formas planas

La representación de formas planas en perspectiva caballera se lleva a cabo de igual modo que en el caso del dibujo isométrico, es decir, inscribiéndolas en figuras geométricas sencillas, como el cuadrado o el rectángulo. Estas figuras se dibujan en perspectiva y sobre ellas se sitúan los puntos más notables, que suelen ser los vértices, de la forma primitiva.

A título de ejemplo, te presentamos la perspectiva caballera de un polígono irregular situándolo sobre los planos *ZOX* y *XOY* del triedro trirrectángulo (Fig. 5.76).

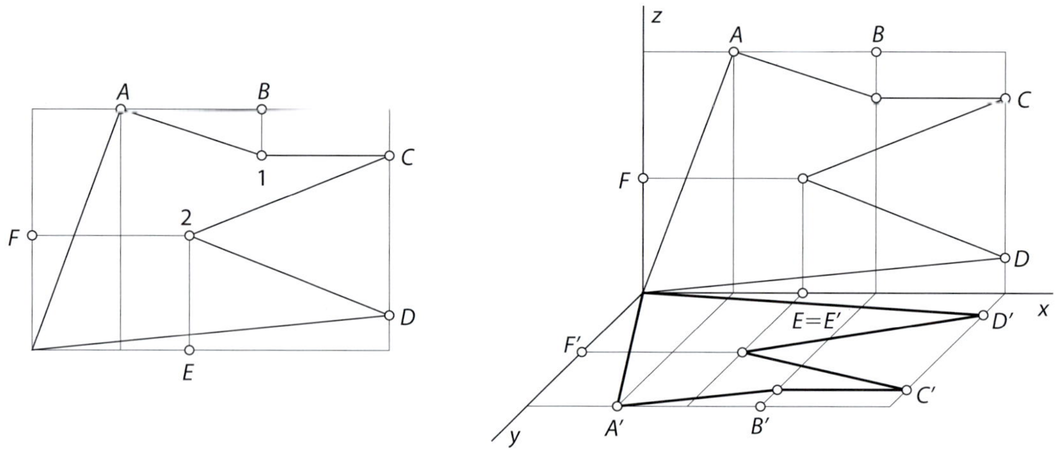

Figura 5.76.

Trazado de la circunferencia

La perspectiva caballera de la circunferencia sobre el plano *ZOX* aparece en su verdadera forma, al igual que todas aquellas que estén en planos paralelos a él. Sin embargo, en los planos *XOY* y *YOZ* se transforma en una elipse, que se puede determinar por el método de los ocho puntos, que queda descrito en el proceso para dibujar las elipses (Fig. 5.77).

Como se puede observar, la circunferencia se ha inscrito previamente en un cuadrado y, a partir de ahí, se desarrolla la construcción.

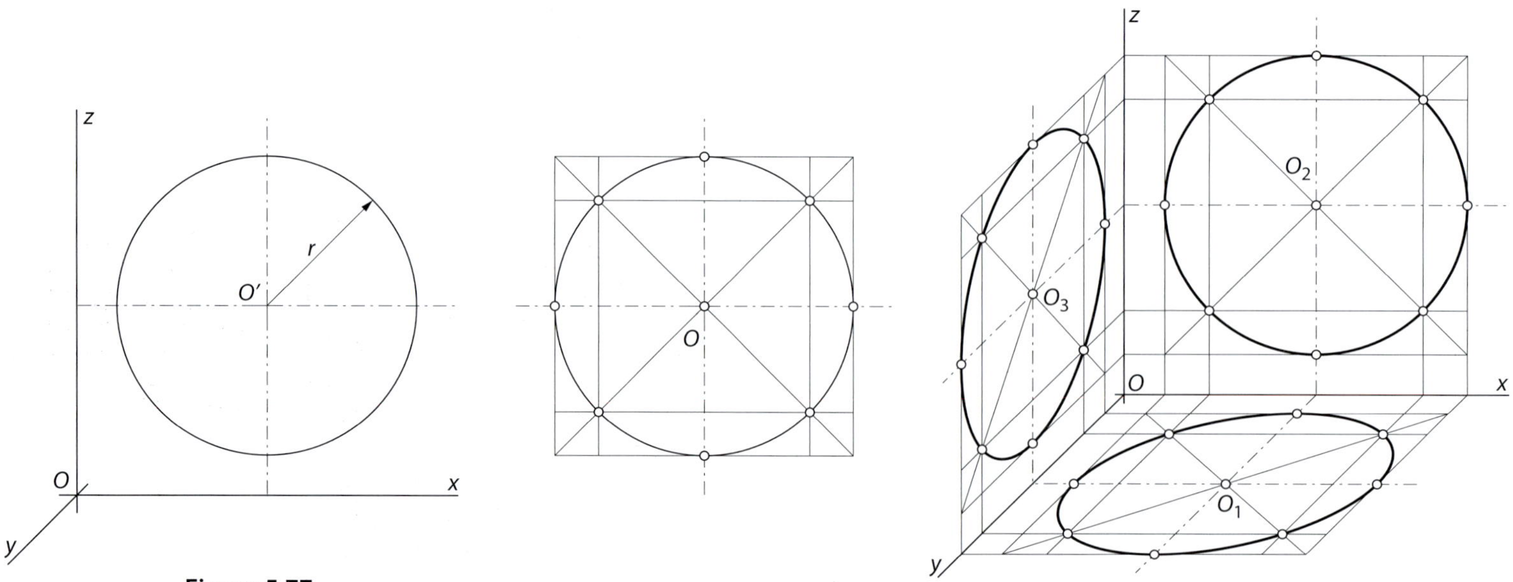

Figura 5.77.

Representación de sólidos en perspectiva caballera

Una perspectiva caballera queda definida cuando fijamos la posición del eje *Y*, es decir, el ángulo comprendido entre los ejes *X* e *Y*, y el coeficiente de reducción para el mismo eje.

A continuación, puedes ver resueltos algunos ejercicios en perspectiva partiendo de las proyecciones en el sistema diédrico del sólido (Figs. 5.78, 5.79 y 5.80).

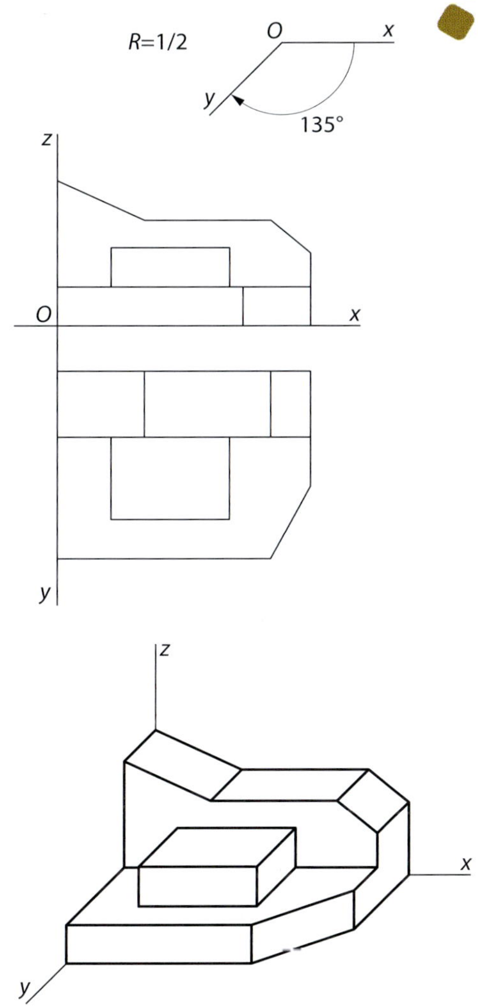

Figura 5.78.

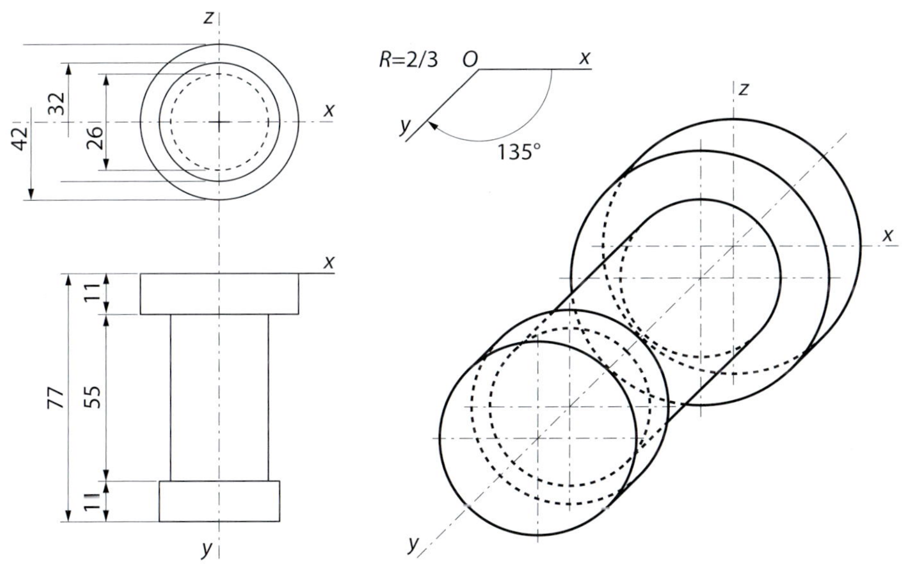

Figura 5.79.

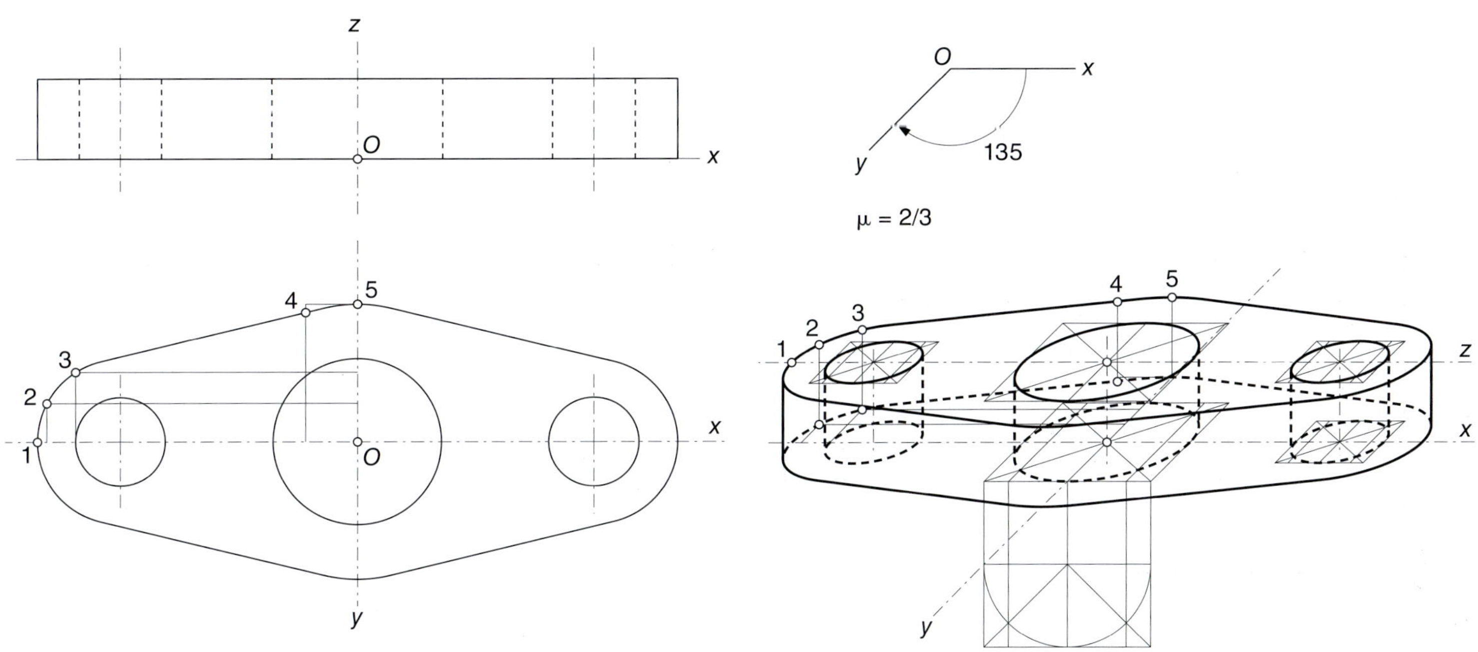

Figura 5.80.

Aplicaciones

La perspectiva militar en la arquitectura

La perspectiva militar es una variación de la perspectiva caballera. En este caso, el ángulo que forman los ejes *X* e *Y* es de 90°, ya que el plano *XOY* está paralelo o es coincidente con el del cuadro y, por tanto, en verdadera magnitud. El eje *Z* tendría el consiguiente coeficiente de reducción.

Este tipo de perspectiva es muy utilizado en arquitectura, pues da la sensación de que se está observando una vista aérea de los objetos: monumentos, edificios e incluso ciudades.

Este aspecto la hace muy interesante para representar los elementos de manera rigurosa, a la vez que genera una estética muy peculiar. En efecto, este método resulta práctico en el dibujo de objetos que posean muchas caras o que tengan una gran superficie apoyada en planos horizontales. De ahí que arquitectos, diseñadores industriales y proyectistas en general recurran a ella. En el boceto siguiente (Fig. 5.81), puede apreciarse el resultado que produce el uso de la perspectiva militar en la percepción de espacios y volúmenes.

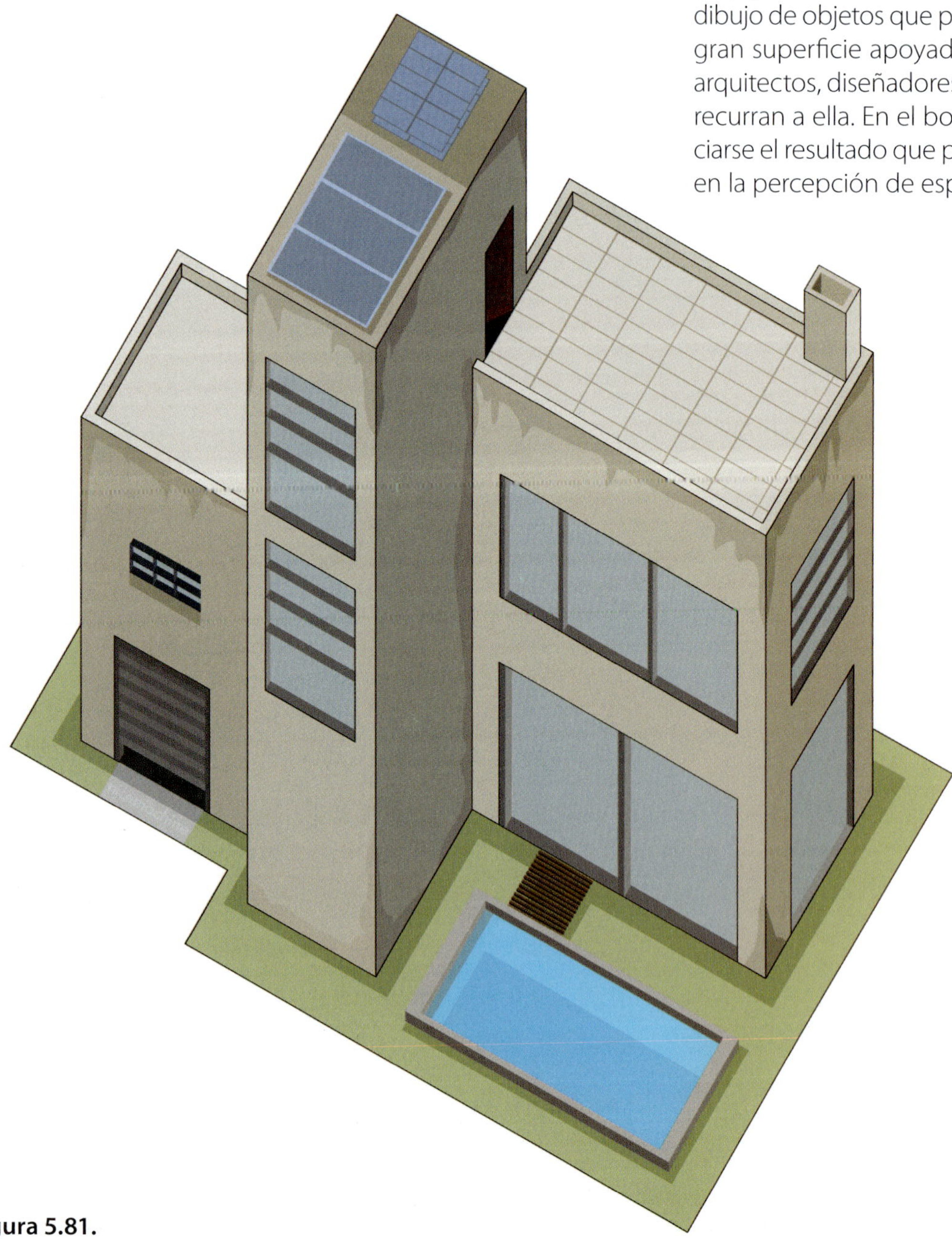

Figura 5.81.

Actividades finales

Representación de sólidos en perspectiva caballera y militar

Partiendo de las proyecciones diédricas de los sólidos siguientes, dibuja en perspectiva caballera las Figuras. 5.82, 5.83 y 5.85 y en militar la Figura 5.84. El coeficiente de reducción es de 2/3 para ambas, y el ángulo formado por los ejes *X* e *Y* es de 135º para caballera, y para militar el ángulo formado por los ejes *Z* y *X* es también de 135º.

Recuerda, para que su trazado te resulte más fácil, dibuja cada uno de los cuerpos sobre un papel blanco de formato A4. Toma sus medidas directamente sobre estas proyecciones diédricas y aplícales una escala de 2/1. Haz todo el proceso de dibujo con un lápiz de dureza 2H y, cuando hayas terminado, repasa con rotulador las aristas vistas del objeto en perspectiva.

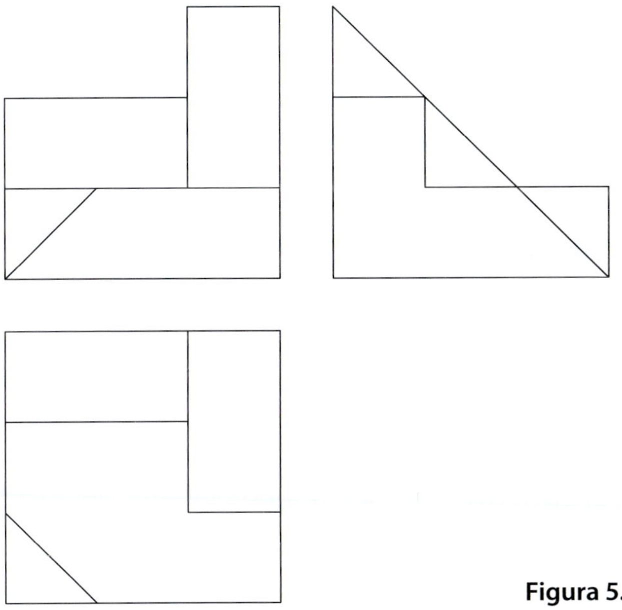

Figura 5.82.

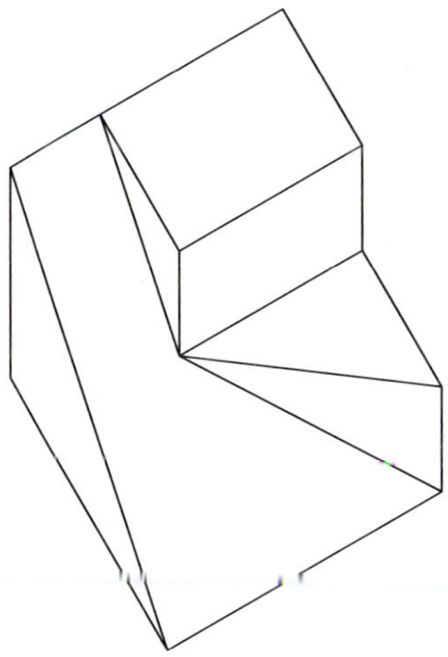

Figura 5.84.

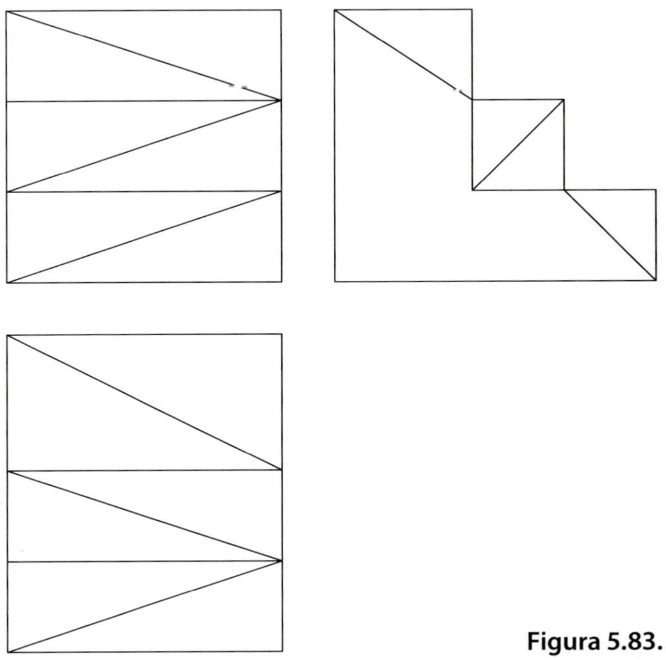

Figura 5.83.

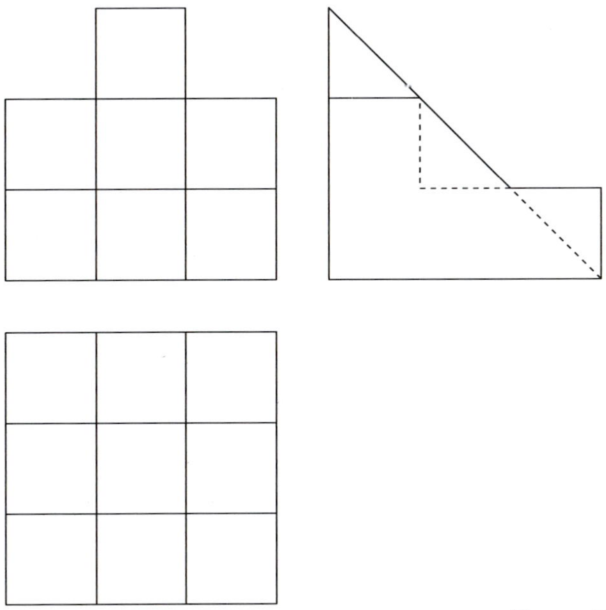

Figura 5.85.

3. El sistema cónico

La mejor definición de perspectiva cónica la enunció Panofsky, quien vino a decir lo siguiente: «Cuando a un objeto lo miras a través de una ventana y a través del cristal calcas las líneas que definen tal objeto, obtienes una perspectiva cónica de este. Pero no hay que olvidar que es necesario cerrar un ojo (un solo punto de vista) y permanecer inmóvil mientras calcas». Panofsky no lo dijo exactamente así, pero en estas palabras se recoge la esencia del sistema cónico.

Antes de seguir con el tema debemos recordar los elementos básicos de este sistema de representación.

3.1 Elementos del sistema

Observa con atención el dibujo que te presentamos (Fig. 5.86); en él podrás ver todo el entramado que supone la perspectiva. Entra en el espacio y comprobarás que los conceptos más difíciles se hacen sencillos cuando comprendemos la tridimensionalidad que nos envuelve.

A continuación se muestran los elementos que intervienen en este sistema de representación. Son muchos los conceptos que aparecen en el sistema: es necesario poner especial atención para comprender la relación que existe entre todos ellos.

- **El objeto *(O):*** este puede ser el interior o el exterior de un edificio o una pieza cualquiera de ingeniería, es decir, cualquier cosa que pueda ser representada. En la medida que esta sea más o menos complicada, su representación será más o menos difícil. En la figura que se expone el objeto es un cubo.
- **El observador *(OB):*** es la persona que visualiza el objeto que se va a representar, pero no olvidemos que este puede estar en un quinto piso o bien en un sótano. Cuando este se encuentra mirando el objeto desde arriba, lo divisará en **perspectiva aérea** o perspectiva a vista de pájaro. Cuando proyectamos su mirada desde abajo se denomina **perspectiva celeste** o vista de rana.
- **Punto de vista *(PV):*** este concepto ya lo hemos tratado indirectamente; lo definiremos ahora con claridad. Al observador se le considera con un solo ojo (un único punto de vista); la altura de su punto de vista al plano geometral (suelo) lo consideramos aproximadamente de 1,80 m. La elección del lugar concreto donde situamos el punto de vista frente al objeto resultará básico para que la representación cumpla unas condiciones determinadas.
- **Plano geometral *(PG):*** es el plano horizontal donde se apoya el plano del cuadro y el objeto a representar.
- **Plano del cuadro *(PC):*** es el plano de proyección vertical, situado normalmente entre el objeto y el observador. También podría estar situado tras el objeto.
- **Punto del observador *(PO):*** es el lugar concreto donde se sitúan los pies del observador.
- **Rayos visuales *(RV):*** son las líneas rectas que se originan en *PV* y traspasan el *PC* llegando a los distintos puntos que definen el objeto. La intersección de estos rayos con el *PC* conforma la imagen o perspectiva cónica.

- **Ángulo visual *(AV):*** es el ángulo formado por los rayos extremos dirigidos al objeto. La distancia del *PC* con referencia al *PV* nos posibilitará ángulos distintos. Para la perspectiva de exteriores el ángulo debería ser de 30° aproximadamente, y para interiores es aconsejable un ángulo de 45°. Dependiendo de la buena elección de este ángulo obtendremos una perspectiva más o menos deformada.
- **Distancia principal *(DP):*** es la distancia entre el *PV* y el *PC*.
- **Punto principal *(PP):*** es la proyección ortogonal del *PV* sobre el *PC*.
- **Línea de tierra *(LT):*** es la recta de intersección entre el *PG* con el *PC*.
- **Plano horizontal *(PH):*** plano paralelo al *PG* y que contiene al *PV*.
- **Línea de horizonte *(LH):*** es la que resulta de la intersección del *PH* y del *PC*. No olvidemos que esta línea siempre se encuentra a la altura del *PV*.
- **Puntos de fuga *(PF):*** estos puntos se encuentran situados sobre la *LH*. Es el lugar geométrico donde convergen todas las líneas paralelas contenidas en un mismo plano *(FF')*.

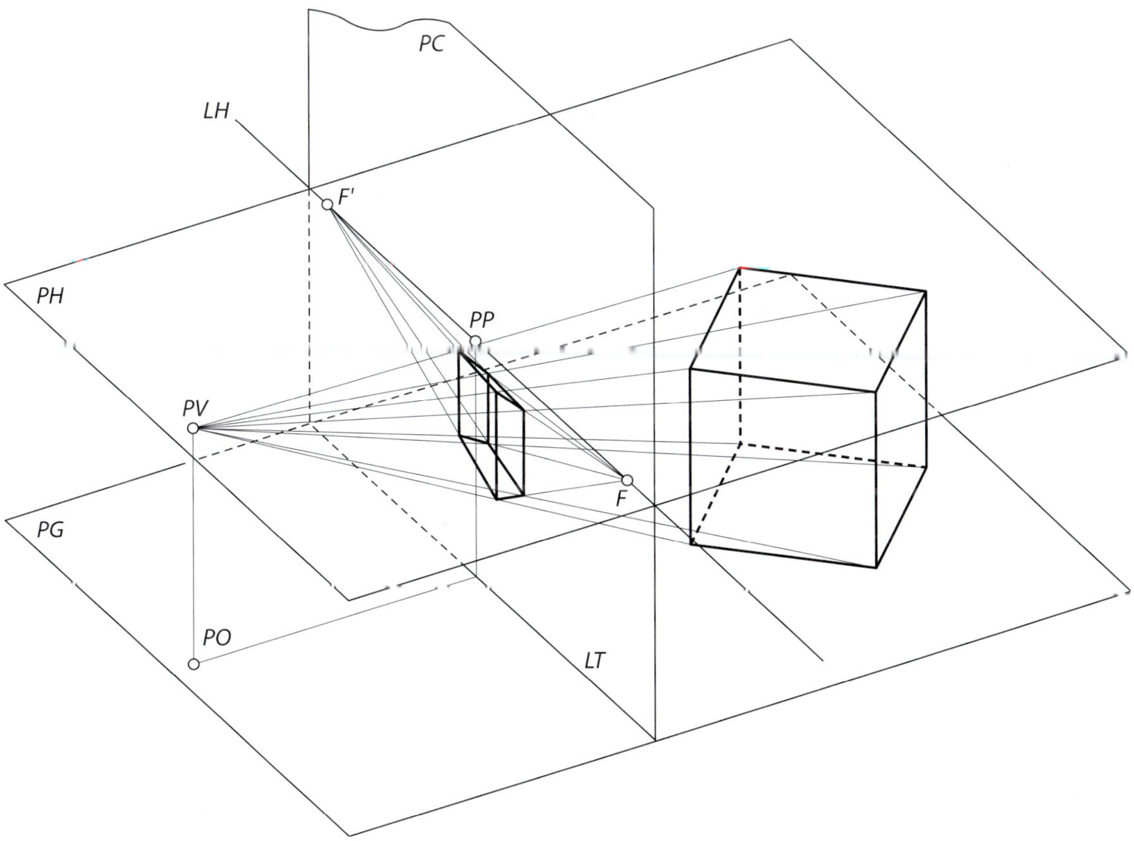

Figura 5.86.

Figura 5.87.

En el sistema cónico, todas las líneas verticales y horizontales que aparecen en nuestro entorno visual se representan de forma vertical y horizontal; las distancias entre ellas se reducen en función del alejamiento entre ellas y nuestra visión (Fig. 5.87).

3.2 Tipos de perspectiva cónica

En este curso vamos a estudiar dos tipos de perspectiva cónica, la denominada **frontal** y la **oblicua,** dejando para cursos más avanzados los otros tipos como la aérea y la celeste.

Perspectiva cónica frontal

Es aquella que tiene situado el punto de vista de tal manera que hace que el plano del cuadro, *PC,* sea paralelo al objeto, es decir, la mayoría de los segmentos que configuran el objeto son paralelos y perpendiculares al cuadro, *PC*. En este caso solo existe un punto de fuga, y este coincide con el punto principal (Fig. 5.88).

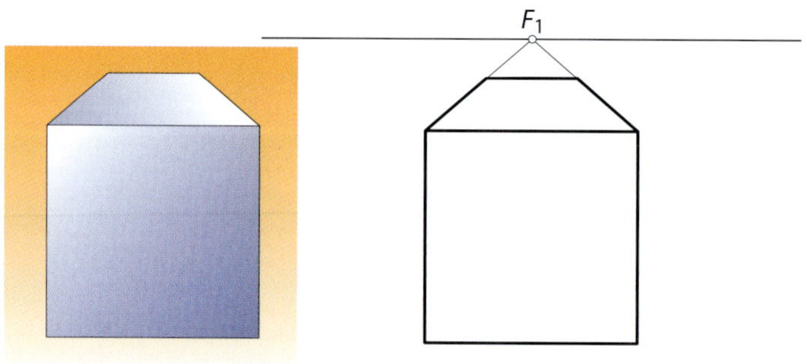

Figura 5.88.

Perspectiva cónica oblicua

Es aquella que tiene situado el punto de vista, *V,* de tal manera que hace que el plano del cuadro, *PC,* se disponga oblicuamente respecto al objeto; por tanto, los segmentos que determinan el objeto son oblicuos al cuadro, *PC* (Fig. 5.89).

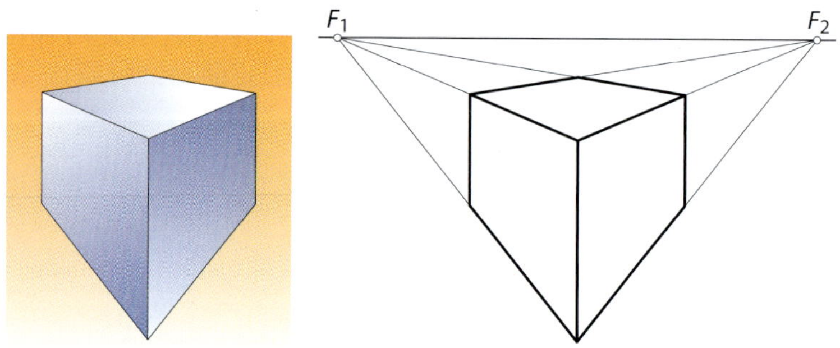

Figura 5.89.

3.3 Métodos perspectivos

Perspectiva cónica de la circunferencia

- Contenida en el plano geometral

Observa en la Figura 5.90 la manera de proceder para obtener su trazado.

- Contenida en un plano vertical

El trazado de su perspectiva se basa en colocarla sobre el *PC,* es decir, en verdadera magnitud, y, desde esa posición, se dibujan ocho puntos de ella en perspectiva (Fig. 5.90).

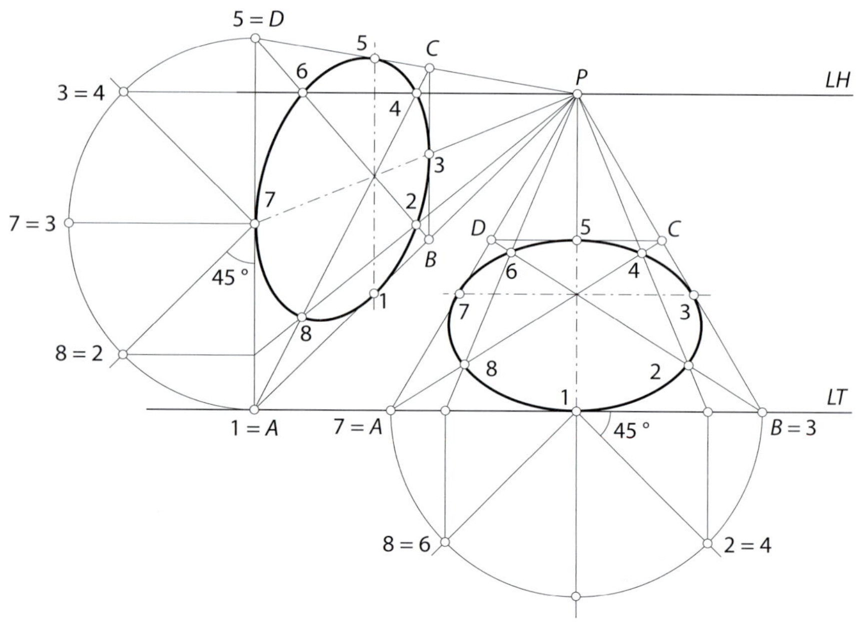

Figura 5.90.

Perspectiva cónica frontal por el método del abatimiento

Al método perspectivo utilizado para determinar la perspectiva cónica de la figura se le conoce como el **método del abatimiento.** Se le denomina de esta manera porque se parte de la planta del sólido abatida sobre el plano del cuadro.

Observa en la Figura 5.91 la sencillez que ofrece este método para dibujar la perspectiva de cualquier figura, solo es cuestión de situar los puntos de distancia, *D*, y el abatimiento de la planta sobre el *PC*, como se comentó anteriormente.

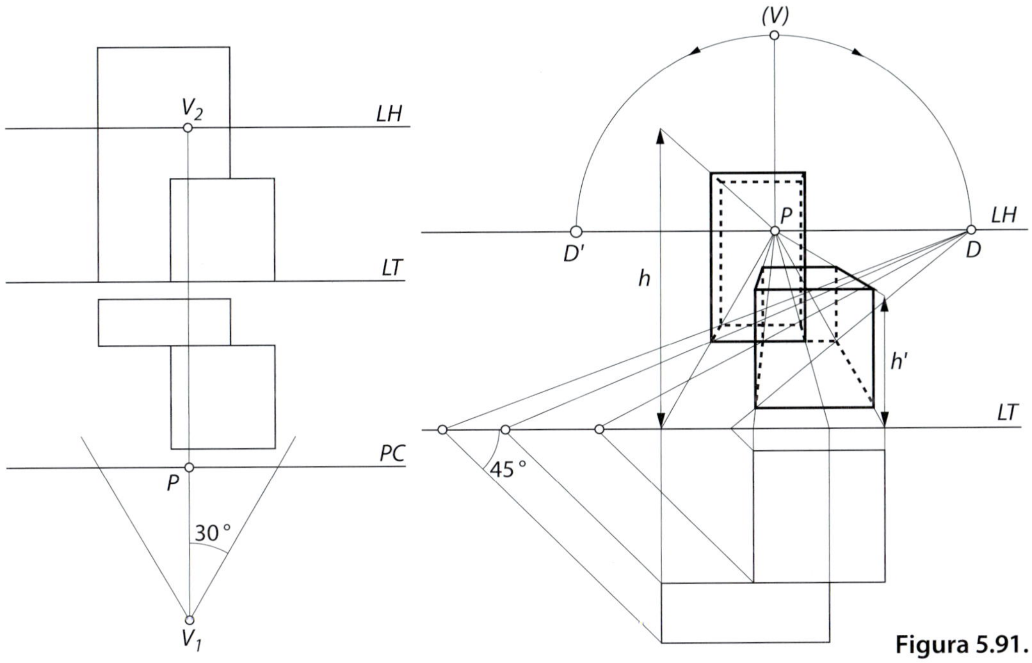

Figura 5.91.

Perspectiva cónica oblicua por el método del abatimiento

Observa que la manera de operar es igual que en el caso de la perspectiva cónica frontal, se parte de las proyecciones diédricas del sólido y su planta se abate sobre el *PC* (Fig. 5.92).

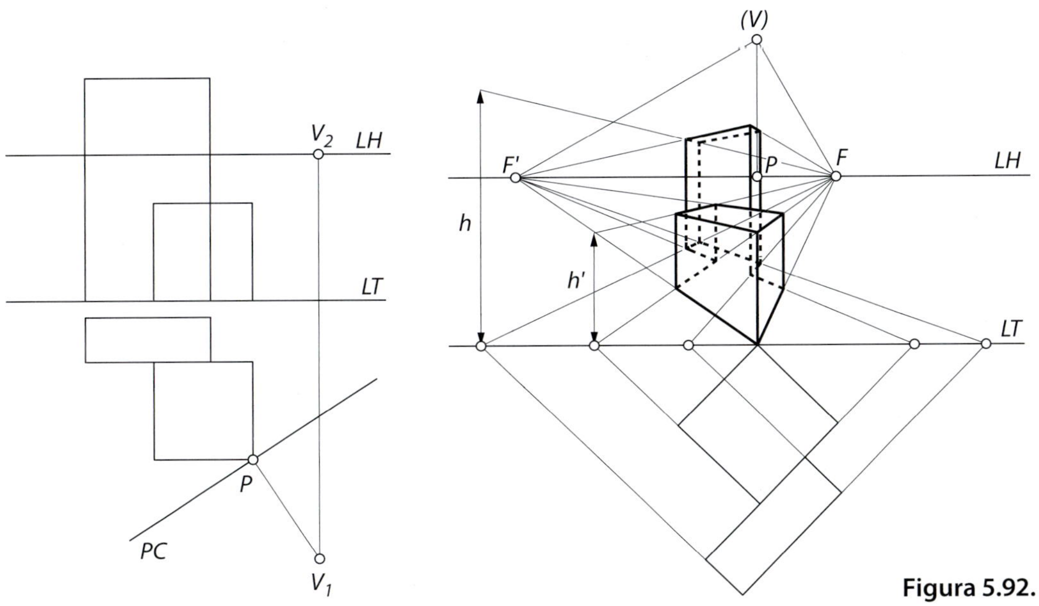

Figura 5.92.

Perspectiva cónica oblicua por el método de las prolongaciones

Este método es, sin lugar a duda, uno de los más sencillos y rápidos. Consiste en ir determinando los puntos más significativos de un sólido por medio de dos rectas que se cortan en cada uno de ellos y que deseamos representar en perspectiva.

Veamos gráficamente un ejemplo.

- Se comienza situando en el sistema diédrico la figura o el sólido y los elementos perspectivos fundamentales: el punto principal, *P*, los puntos de fuga, *F* y *F'*, etc.
- Se prolongan las rectas que contienen los segmentos de la base del sólido para obtener las intersecciones con el *PC* en los puntos 1, 2, 3, etc., y se trasladan estas longitudes sobre la *LT*, allí donde se va a dibujar la perspectiva.
- A continuación se sitúan sobre la *LH* el punto principal, *P*, y los puntos de fuga *F* y *F'*.
- La perspectiva de la planta del sólido se dibuja fugando cada recta a su oportuno punto de fuga: los puntos 1, 2 y 3 a *F*, y los puntos 3, 4 y 5 a *F'*. La intersección de las rectas determina la perspectiva de los vértices de la planta.
- La representación final del sólido estará terminada levantando por cada uno de los vértices citados las alturas que les correspondan. Para hallarlas se hace lo mismo que en los métodos anteriores, transportándola en verdadera magnitud, con las longitudes enunciadas en el alzado de la diédrica sobre las trazas en el *PC*. Al desplazarlas a los correspondientes puntos de fuga se obtienen las dimensiones en perspectiva.

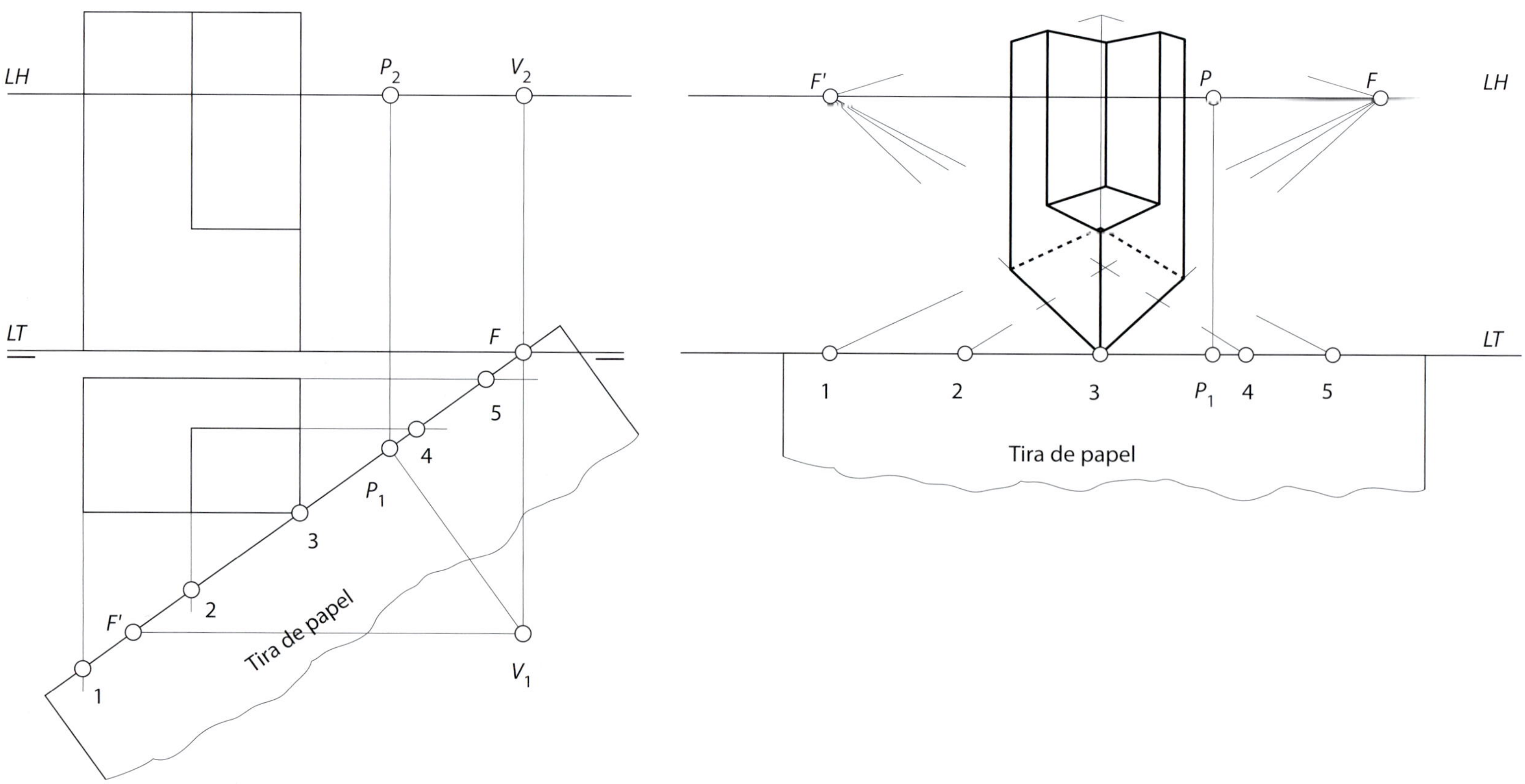

Figura 5.93.

Actividades finales

Representación de sólidos en perspectiva cónica

Partiendo de las proyecciones diédricas de los sólidos siguientes (Figs. 5.94, 5.95, 5.96 y 5.97), dibuja en perspectiva cónica frontal los dos primeros, el tercero, en cónica oblicua utilizando el método del abatimiento y el cuarto, por el método de las prolongaciones.

Recuerda de nuevo, para que su trazado te resulte más fácil, dibuja cada uno de los cuerpos y los datos de la cónica sobre un papel blanco de formato A4. Toma sus medidas directamente sobre estas proyecciones diédricas y aplícales una escala de 2/1. Haz todo el proceso de dibujo con un lápiz de dureza 2H y, cuando hayas terminado, repasa con rotulador las aristas vistas del objeto en perspectiva.

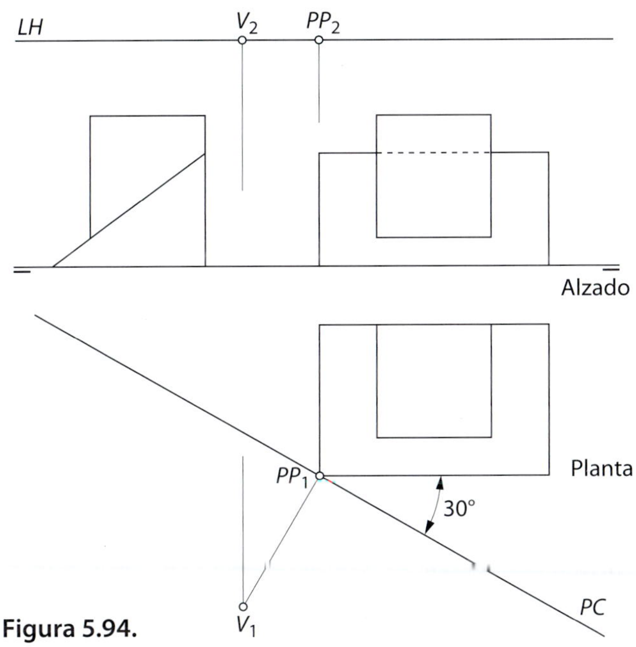

Figura 5.94.

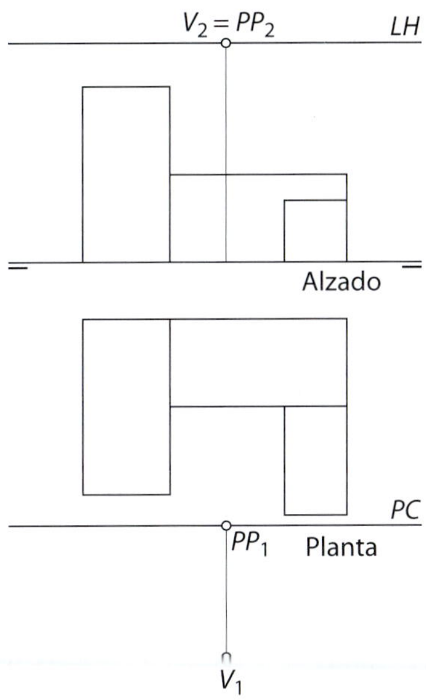

Figura 5.96.

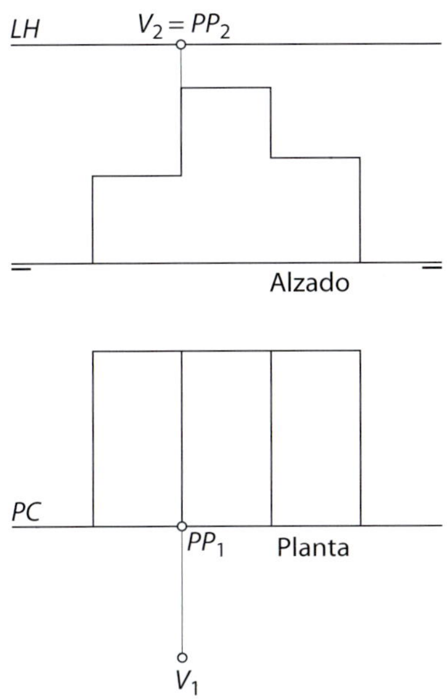

Figura 5.95.

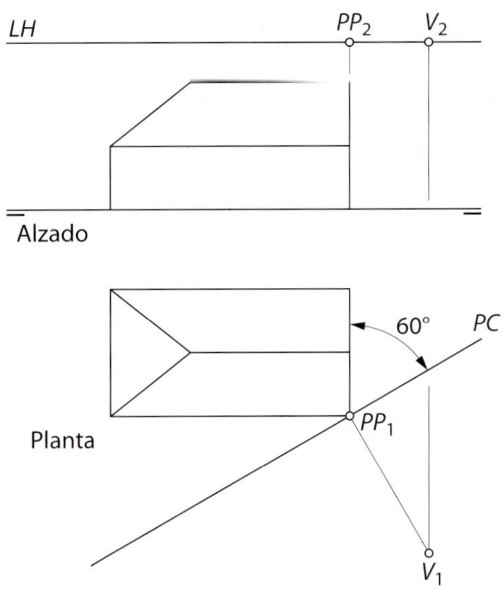

Figura 5.97.

4. Estructuras volumétricas

4.1 Estructura volumétrica

Los elementos naturales o artificiales están configurados por una estructura más o menos compleja, formada por elementos que se repiten con formatos diversos. La estructura que presenta la materia es siempre tridimensional: está compuesta por formas volumétricas. Aunque en algunos momentos nos podemos referir a ellas como estructuras superficiales, estas solo existen como figuras proyectadas sobre una superficie.

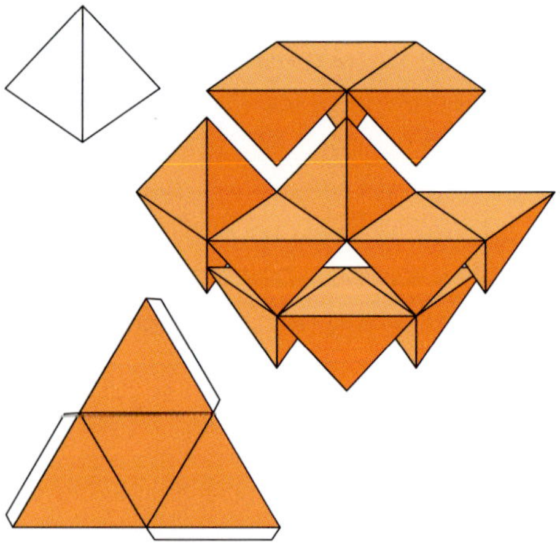

Figura 5.98.

4.2 Módulos tridimensionales

Los módulos tridimensionales básicos son el **tetraedro,** el **cubo** y la **esfera** que se corresponden con las siguientes figuras planas: el triángulo equilátero, el cuadrado y la circunferencia.

El **tetraedro** es un volumen que no posibilita la generación de redes modulares compactas, dado que no permite el encaje con otros poliedros de su misma clase y tamaño (Fig. 5.98). La **esfera** es obvio que tampoco puede generar este tipo de redes modulares por su imposibilidad para cerrar un espacio.

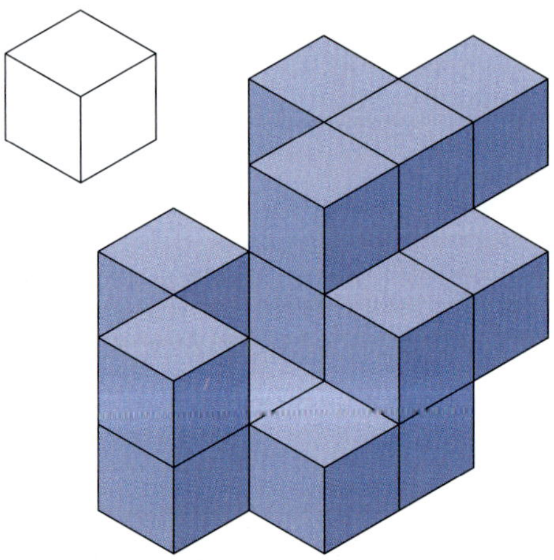

Figura 5.99.

Sin embargo, el **cubo** sí permite formar redes compactas como módulo, puesto que puede unirse y repetirse con sus caras en contacto (Fig. 5.99).

Sin embargo, hay otros tres poliedros que sí pueden generar una red continua, y además macizar un espacio. Son los siguientes:

- El **prisma regular hexagonal** (Fig. 5.100).
- El **rombo dodecaedro,** formado por doce caras que son rombos (Fig. 5.101).
- El **poliedro de lord Kelvin,** también conocido como heptaparaleloedro, formado por ocho caras hexagonales y seis caras cuadradas (Fig. 5.102). Si se observa este módulo, se puede apreciar que es el resultado de cortar las puntas de un octaedro regular perpendicularmente a las diagonales.

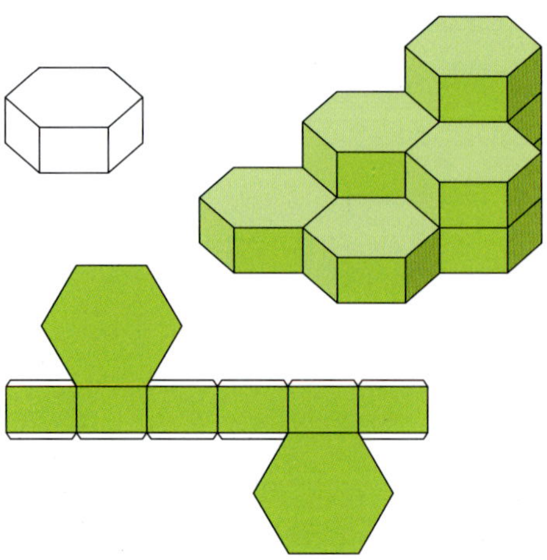

Figura 5.100.

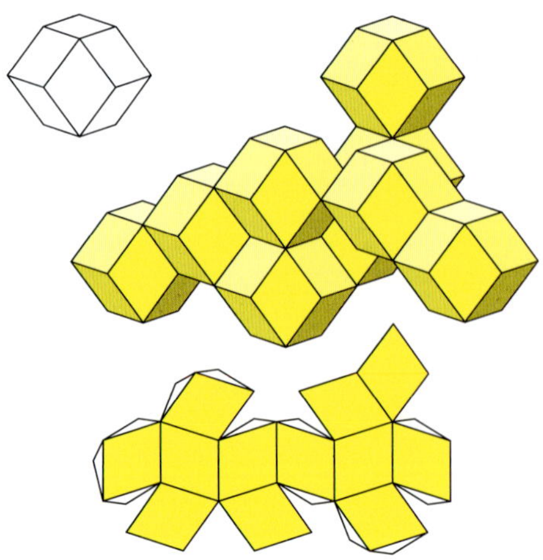

Figura 5.101.

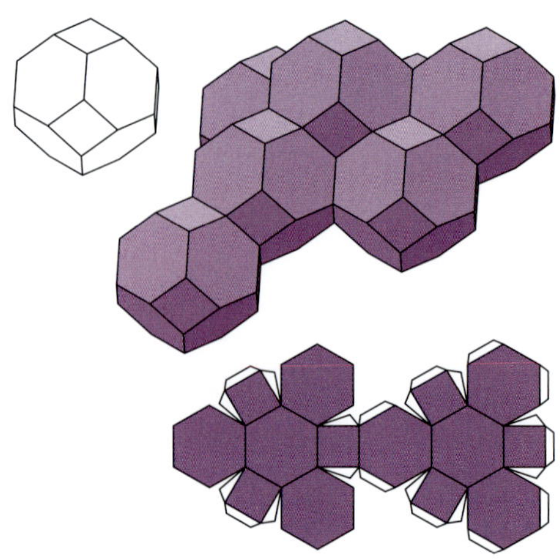

Figura 5.102.

Aplicaciones

Obtención de redes tridimensionales

Cambio de redes bidimensionales a tridimensionales

Pasar de una red modular bidimensional a otra tridimensional es sencillo, y esta estrategia es muy utilizada en el campo del diseño, tanto gráfico como industrial. Es suficiente con aplicar a la red bidimensional cualquiera de las formas perspectivas estudiadas anteriormente para obtener rápidamente un resultado de sensación volumétrica (Fig. 5.103).

Figura 5.103. Relieve sobre malla triangular.

Otra manera de conseguir esa sensación de espacialidad se puede conseguir aplicando color sobre una estructura modular plana, sobre todo en aquellas que su configuración está basada en redes triangulares (Fig. 5.104).

Figura 5.104.

Por último, una red modular plana se puede convertir en una red tridimensional si se le realiza una serie de cortes de forma adecuada a la superficie donde está el dibujo, o simplemente mediante dobleces oportunos y con sentido (Fig. 5.105).

Figura 5.105.

Estructuras volumétricas derivadas

Los módulos tridimensionales pueden dar origen a formas lineales de carácter volumétrico; por ejemplo, si tomamos de manera sucesiva las aristas de un cubo con cierta ordenación, se obtiene un resultado como el de la Figura 5.106. Del mismo modo ocurrirá si manipulamos sus diagonales (Fig. 5.107) o si trazamos arcos de circunferencia de vértice a vértice con distintos ritmos (Figs. 5.108, 5.109 y 5.110).

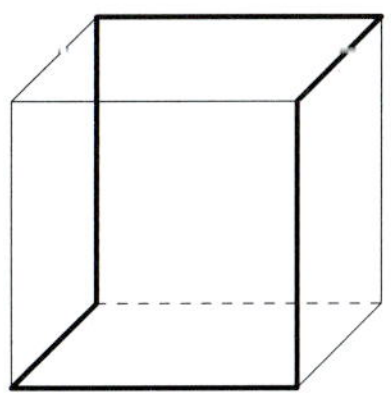

Figura 5.106.

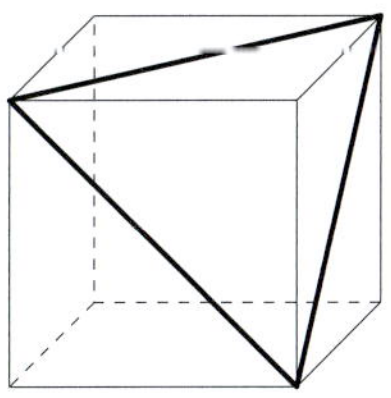

Figura 5.107.

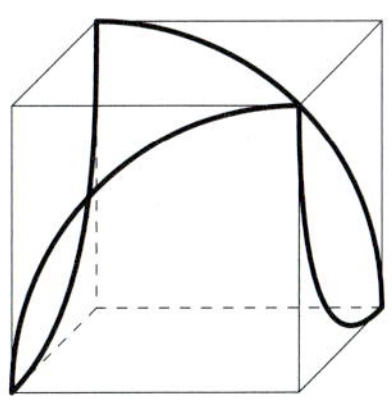

Figura 5.108.

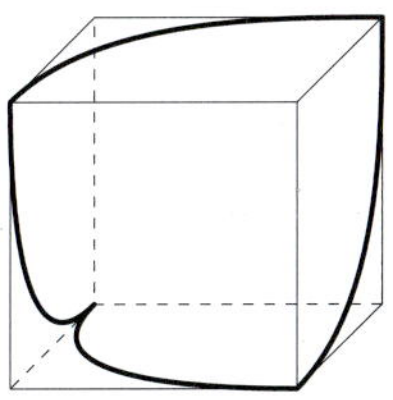

Figura 5.109.

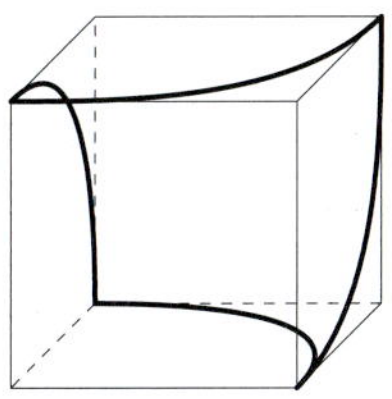

Figura 5.110.

Procedimientos y técnicas

Módulos en arquitectura

Es conveniente saber, antes de hablar de la aplicación de módulos al espacio arquitectónico, que los conceptos de superposición y giro ordenado de una serie de elementos iguales pueden crear módulos tridimensionales de una gran estética. Ejemplo de ello es el bloque de viviendas de Casablanca diseñado por André Struder (Fig. 5.111). También se pueden realizar módulos con huecos de diferentes formas y que, como los anteriores, tengan una gran plasticidad. Esto es lo que logran Enrico Castiglioni y Carlo Fontana en su diseño de la Escuela de Formación Profesional de Busto Arsicio (Fig. 5.112).

Figura 5.111. André Studer, viviendas en Casablanca, 1955.

Dentro del ámbito arquitectónico, el módulo como concepto constructivo, en principio, estuvo reducido a elementos muy limitados. Sin embargo, con el paso del tiempo, arquitectos, ingenieros y diseñadores han ido extendiendo progresivamente sus creaciones hacia elementos de mayor amplitud que comprendan edificios completos, incluso partes importantes de la ciudad.

Hoy día se construyen con enorme facilidad casas prefabricadas fundamentadas en el concepto de módulo, tanto viviendas particulares como otros tipos de edificaciones más singulares: hospitales, grandes centros comerciales, almacenes, etc. El bloque de viviendas ideado por Moshe Safdie para la exposición universal de Montreal es ejemplo de ello (Fig. 5.113). No obstante, el mayor interés por parte de los profesionales de esta disciplina se centra en la creación de módulos espaciales funcionales y de elaboración económica que puedan ensamblarse con rapidez, buscando además que generen espacios habitables, cómodos y prácticos para el desarrollo y el bienestar del ser humano.

Figura 5.112. Enrico Castiglioni y Carlo Fontana, Escuela de Formación Profesional en Busto Arsicio (Italia), 1963-1964.

Figura 5.113. Moshe Safdie, bloque de viviendas en la Exposición Universal de Montreal, 1967.

Actividades finales

Diseño de estructuras espaciales

1. Sobre una red plana, de base cuadrada, diseña un módulo pasando de formas bidimensionales a tridimensionales y empleando para ello la perspectiva caballera.

   La Figura 5.114 te muestra un posible ejemplo. Desarrolla esta propuesta sobre un papel blanco de formato A4 y utiliza rotulador negro o de color para realizar los trazados finales de tu diseño de trama modular volumétrica.

Figura 5.114.

2. Diseña un módulo espacial. Fíjate en el que te ofrecemos en la Figura 5.115, que es una parte del relieve realizado sobre una red de base triangular.

   Una vez hayas obtenido una solución que te agrade, constrúyelo en cartulina repitiéndolo cuatro o cinco veces para, así, poder indagar sobre las diferentes posibilidades de las composiciones modulares.

Figura 5.115.

3. Utilizando el módulo que te exponemos en la Figura 5.116, busca distintas maneras de combinación.

   En primer lugar, usa una red de base triangular para hacerlos en perspectiva; luego, dibuja sus proyecciones diédricas y, por último, elabora alguna de las composiciones que has realizado de forma espacial.

   Para ello, construye en cartulina los módulos que necesites en forma de «L». Antes de comenzar a trabajar, piensa en qué material y en qué instrumentos precisarás para llevar a cabo esta propuesta.

Figura 5.116.

4. Los módulos que te presentamos son de Grantsma (Fig. 5.117) y Slothouber (Fig. 5.118), y se han obtenido, como puedes observar, a partir del cubo.

   Tanto en un módulo como con el otro, uniéndolos entre sí por determinadas zonas, se pueden crear redes volumétricas de un gran valor estético.

   Intenta realizar una de esas redes de forma espacial; para ello, forma un grupo con dos compañeros, construid cada uno de vosotros tres módulos iguales, y juntos indagad sobre qué composición queréis que tenga vuestra red volumétrica.

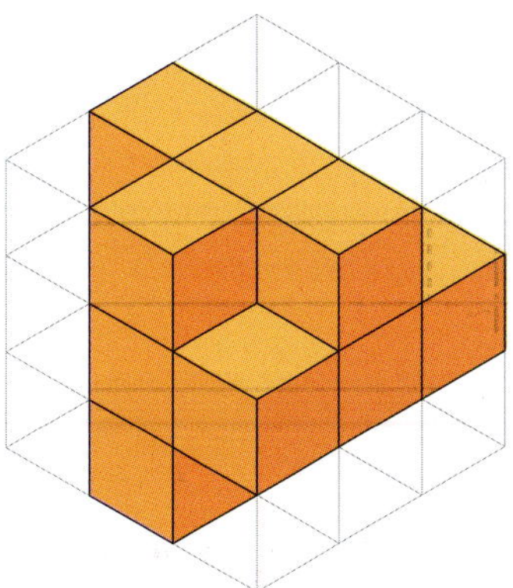

Figura 5.117.

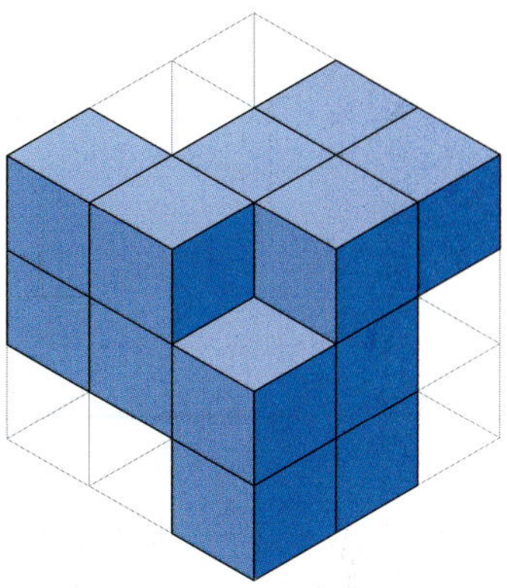

Figura 5.118.

Otras propuestas

Dibuja en el sistema diédrico ortogonal una pirámide y un prisma rectos. La base de la pirámide es pentagonal regular y la del prisma heptagonal regular, y ambas están apoyadas en el plano horizontal de proyección: los lados de las dos bases miden igual, 30 mm, y sus alturas también, 80 mm. Representa sus partes vistas y ocultas.

Te proponemos que rediseñes un objeto cotidiano. Seguramente, en alguna ocasión habrás observado entre los objetos de tu entorno elementos que no son de tu agrado, bien por su forma estética o porque esta no cumple de manera adecuada su función.

Escoge uno de estos objetos y aplícale un rediseño en el trazado de sus formas. Primero hazlo en el trazado de sus proyecciones diédricas y, posteriormente, en la perspectiva isométrica del mismo.

Dibuja una circunferencia en perspectiva caballera de 30 mm de radio que esté contenida en los tres planos del triedro trirrectángulo *(ZOX, XOY, ZOY).*

Diseña una caja para un frasco de colonia. Las características más significativas que deberás tener en cuenta afectan a su forma y tamaño, color, textura y adaptabilidad al uso que se le va a dar. Para llevar a cabo este proyecto debes desarrollar los siguientes pasos:

a) Elige una marca conocida dentro del mercado de la cosmética y rediséñala siguiendo tus propios criterios estéticos. También puedes inventártela. Haz este trabajo sobre un papel de formato A4 apropiado a la técnica que vayas a utilizar. Nosotros te recomendamos los lápices de color.

b) Inventa el nombre del agua de colonia para el cual has realizado la caja y diseña la tipografía que vas a usar. También debes dibujar los motivos que decorarán las diferentes caras de la caja. Es conveniente que pienses en formas y colores cercanos a la idea que quieres transmitir sobre el agua de colonia y el nombre con el que la has denominado. Emplea las técnicas y los materiales que más te convengan para desarrollar este apartado.

c) Escoge el tipo de cartón o cartulina que vas a manejar para hacer la maqueta de la caja. La Figura 5.119 recoge un ejemplo de diseño de envase que puede ayudarte a desarrollar tu *packaging*.

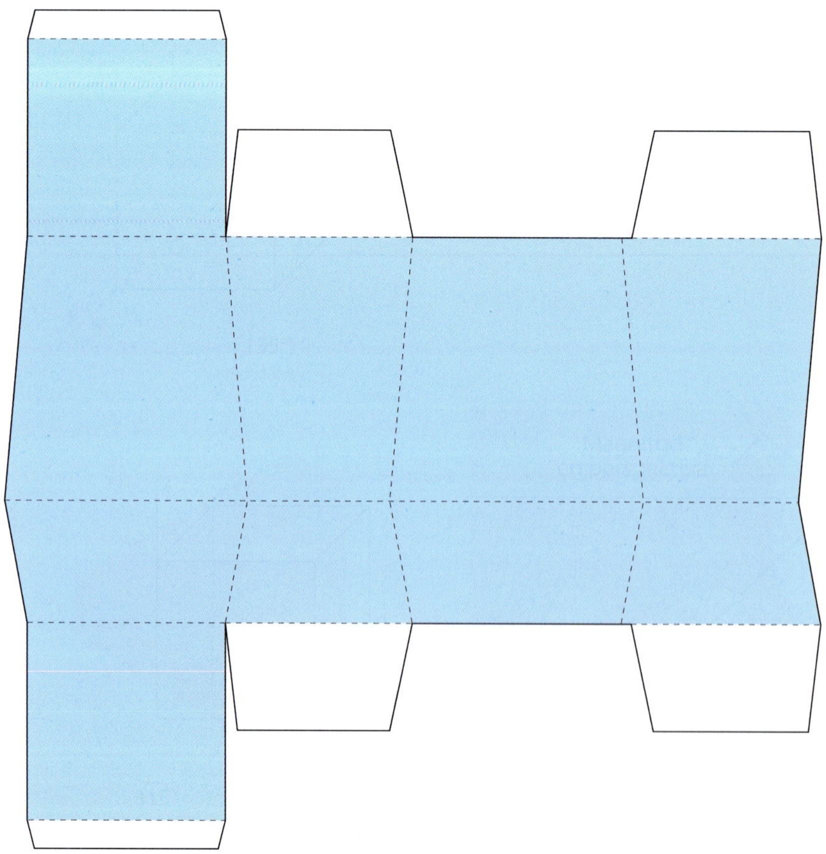

Figura 5.119.

¿Qué has aprendido?

Completa en tu cuaderno

1. ¿Por qué se caracterizan las siguientes rectas?

a) Recta horizontal en el plano.

b) Recta frontal en el plano.

c) Recta de máxima pendiente.

d) Recta de máxima inclinación.

2. ¿Para qué se utilizan los abatimientos en el sistema diédrico?

3. Enumera los pasos que hay que seguir para dibujar las proyecciones diédricas de un cono recto. Explica también los pasos que hay que seguir para trazar su desarrollo.

4. ¿Qué son los sólidos de revolución?

5. ¿Por qué se caracterizan las siguientes tipos de axometría ortogonal?

a) Perspectiva isométrica.

b) Perspectiva simétrica.

c) Perspectiva trimétrica.

6. Define que es la perspectiva caballera y enumera sus fundamentos.

7. Explica los siguientes términos del sistema cónico:

a) Punto de vista:

b) Línea del horizonte:

c) Puntos de fuga:

8. ¿Cuáles son los módulos que generan las redes continuas?

9. Define los siguientes elementos del sistema:

a) Plano geometral (PG).

b) Ángulo visual (AV).

c) Distancia principal (DP).

d) Observador.

10. Describe el poliedro de lord Kelvin.

6 Espacio y volumen. Procedimientos y técnicas

Contenidos

1. La triple dimensión.
2. Elementos estructurantes de la forma tridimensional.
3. Fases en la elaboración de un proyecto técnico.

Aprenderás a:

El mundo lo percibimos en triple dimensión. La mayoría de los elementos, cuerpos y objetos que nos rodean tienen volumen y podemos girar alrededor de ellos en el espacio. Nuestro cuerpo tiene tres dimensiones y forma parte de un entorno que se constituye con altura, anchura y profundidad.

Cuando representamos formas a través de procedimientos plásticos o técnicos podemos hacerlo en el espacio o en el plano. El volumen plástico es aquel que reproduce un cuerpo o una estructura tridimensional con materiales y técnicas adecuados. En el plano, podemos hacer la representación de formas con volumen mediante técnicas que colaboran a crear la impresión de profundidad en el plano.

Una escultura

CHILLIDA, Eduardo, *El peine del viento*, 1977. Acero reco.

Esta escultura, formada por tres piezas de 11 toneladas cada una, se encuentra al final del paseo Ondarreta en San Sebastián.

En ella se puede observar cómo Chillida ejerce con facilidad de arquitecto del vacío sobre la síntesis entre arquitectura y escultura.

Una web

http//www.miquelbarcelo.info

Miquel Barceló desarrolló entre los años 2002 y 2003 una intervención plástica en la Capilla de San Pedro de la Catedral de Mallorca.

En esta página web se refleja el proceso de ejecución. En ella podrás observar cómo el artista va desarrollando desde el comienzo de la primera idea que tuvo, hasta la terminación de su obra paso a paso. Es por ello que debes ver esta web: descubrirás en ella cómo se lleva a cabo un proyecto de obra plástica.

Un libro

CORREDOR MARTÍNEZ, Juan Antonio (1997): *Técnicas de fundición artística.* Universidad de Granada.

Este libro presenta una serie de técnicas escultóricas de manera muy atractiva; además, hace que su lectura y comprensión resulten sencillas de entender.

Comienza exponiendo una historia de cómo han ido evolucionando este tipo de técnicas, para posteriormente desarrollar capítulo a capítulo dichas técnicas, como ya se ha indicado, de forma amena y compresible.

Competencias básicas

En esta unidad trabajaremos las siguientes competencias:

2. Matemática.

6. Cultural y artística.

7. Aprender a aprender.

8. Autonomía e iniciativa personal.

1. La triple dimensión

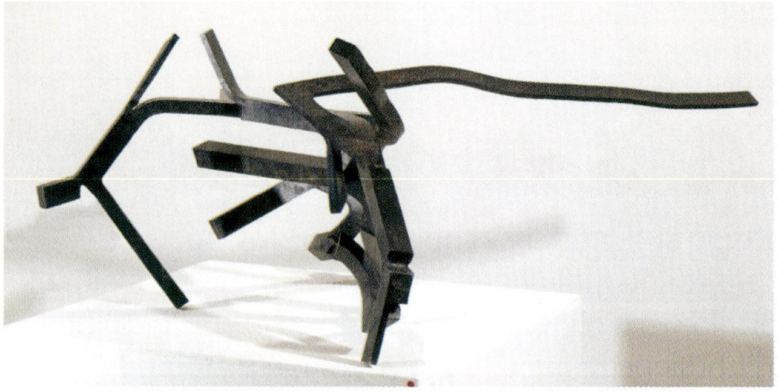

Figura 6.1. Eduardo Chillida, *Rumor de límites II*, 1959.

Como recordarás de cursos anteriores, el entorno y los objetos que hay en él se relacionan a través de un espacio tridimensional. La **triple dimensión** tiene altura, anchura y profundidad, a diferencia de las formas planas, de doble dimensión, que solo tienen altura y anchura. La relación y proporción entre las tres dimensiones condiciona que un cuerpo pueda ser estilizado, grueso, etc.

Los conceptos expuestos sobre el volumen quedan claramente reflejados en la escultura *Rumor de límites II*, de Eduardo Chillida (Fig. 6.1).

1.1 El volumen y el espacio

También te es conocido que cuando hablamos de **volumen,** estamos hablando de un cuerpo en el espacio tridimensional. Los cuerpos con volumen tienen un **espacio** exterior que rodea su superficie y al mismo tiempo encierran dentro de la misma un espacio interior. El volumen necesita el espacio para existir.

Como sabes podemos clasificar las obras artísticas volumétricas en tres categorías:

- **El volumen exento:** es aquel que permite que se perciban todas sus caras menos la que se apoya; también se llama de **bulto redondo.** Observa en la escultura *El profeta,* de Gargallo (Fig. 6.2), y en *Busto de Anette,* de Giacometti (Fig. 6.3), y en cómo aparecen reflejadas las características para que las esculturas sean denominadas de bulto redondo.

Figura 6.2. Pablo Gargallo, *El profeta,* 1934. Bronce.

Figura 6.3. Alberto Giacometti, *Busto de Annette,* 1964. Bronce.

- **El relieve:** se denomina relieve a un volumen adosado. Se puede hablar de tres sistemas: **bajo relieve, medio relieve** y **alto relieve.** En la Figura 6.4 te mostramos un ejemplo, muy bello, de relieve realizado por el escultor Jorge Oteiza: *Pedro y Pablo.* Fíjate las diferencias estéticas y de representación, además de los materiales utilizados, que hay entre la obra de Oteiza y las figuras que aparecen en la imagen del Pórtico de la Gloria de la Catedral de Santiago de Compostela (Fig. 6.5).

- **Instalaciones y acoplamientos:** estos términos son utilizados en los medios artísticos de manera muy amplia, pudiendo, incluso, referirse a varios conceptos plásticos. Ambos tratan de definir propuestas artísticas que describen escenas o ambientes mediante la composición de diversos objetos, bien sacados de sus contextos habituales (instalaciones) o bien realizados *ex profeso* para la elaboración de una obra en concreto (acoplamientos). Pretenden estas obras generar en el espectador emociones que estén basadas en la idea conceptual que el artista quiere transmitir y en el simbolismo de la misma. En la instalación *Una y tres sillas* (Fig. 6.6), Joseph Kosuth presenta una silla real apoyada sobre la pared, una fotografía de ella y la definición de un diccionario, como exposición sobre las tres «percepciones» del objeto. Otra obra de instalación y acoplamiento, en este caso sería *Single form,* realizada por George Segal (Fig. 6.7).

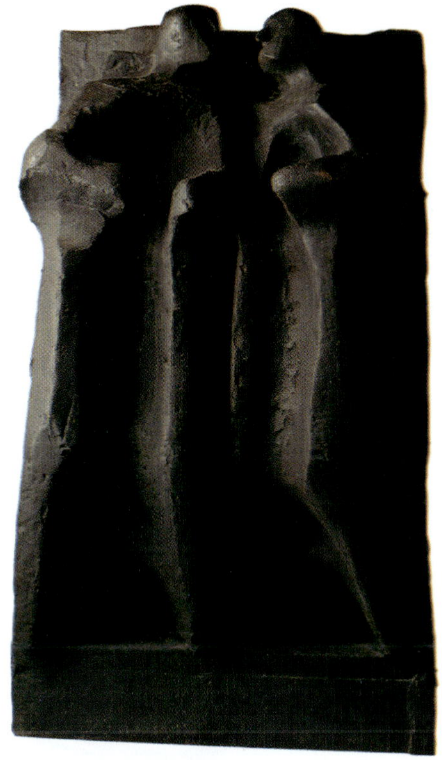

Figura 6.4. Jorge Oteiza, *Pedro y Pablo,* 1954. Bronce.

Figura 6.5. Pórtico de la Gloria (siglo XII), Catedral de Santiago.

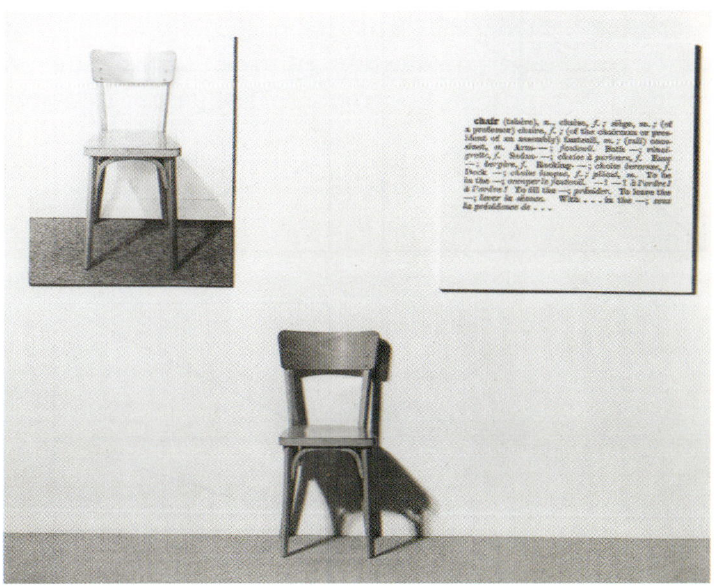

Figura 6.6. Joseph Kosuth, *Una y tres sillas,* 1965.

Figura 6.7. George Segal, *Single form,* 1963.

2. Elementos estructurantes de la forma tridimensional

Figura 6.8. Francisco Sobrino, *Estructura permutacional,* 1972. Acero inoxidable.

En Plástica podemos hablar de ilusión de volumen y de realidad de volumen. En el primer caso representamos el volumen en el plano; en el segundo construimos el volumen en el espacio. En este tema hablaremos de los principios que configuran el volumen, y de qué manera estos elementos y características determinan las diferencias entre cuerpos, espacios y planos.

2.1 La estructura tridimensional poliédrica

Cuando el plano es un elemento estructural básico, se pueden construir conjuntos, poliedros y módulos. Estas estructuras tiridimensionales se forman a partir de:

- **Formas geométricas regulares:** un ejemplo de la utilización de estas formas en la obra plástica tridimensional, es el artista Francisco Sobrino, que se inscribe en la línea del arte cinético español. Su obra *Estructura permutacional* (Fig. 6.8) está fundamentada en el efecto que crean los planos y superficies del cubo sobre la base del tratamiento del acero inoxidable, con el objetivo de generar tensiones.
- **Formas geométricas no regulares:** un ejemplo en el empleo de estas formas nos lo muestra Antoine Pevsner con su escultura *Construcción en el espacio* (Fig. 6.9) donde, a modo de máquina dinámica, precisa y matemática, integra el espacio como elemento fundamental.
- **Formas orgánicas:** la escultora Germaine Richier muestra en su obra *La grande Spirale* (Fig. 6.10) cómo, utilizando formas orgánicas, se pueden crear sensaciones de una gran sensibilidad plástica.

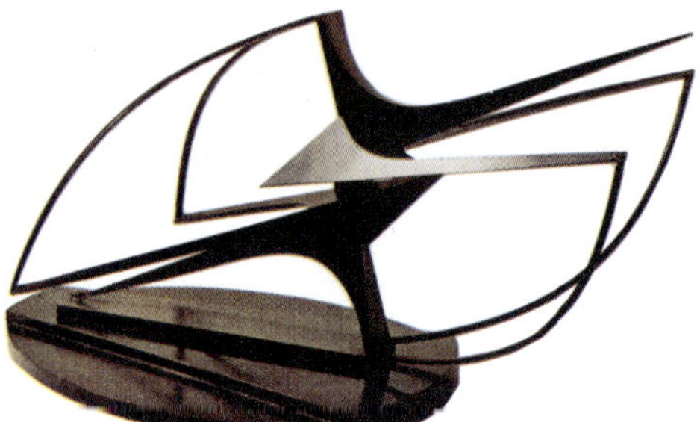

Figura 6.9. Antoine Pevsner, *Construcción en el espacio,* 1924-1929. Bronce oxidado.

2.2 Hueco y compacto. Pesado y ligero

Los cuerpos con volumen tienen unas características de materiales y forma que condicionan su relación con el espacio y con el observador.

Cuando el material envuelve un espacio interior, el volumen es hueco, como muestra la escultura *Pierced Moonlight With Colour,* de Barbara Hepworth (Fig. 6.11). Cuando el cuerpo no tiene espacio interior, el volumen es compacto; un ejemplo en este sentido es la obra de *El beso,* de Constantin Brancusi (Fig. 6.12).

Figura 6.10. Germaine Richier, *La grande spirale,* 1956. Bronce.

Figura 6.11. Barbara Hepworth, *Pierced Moonlight UIT Colour,* 1965. Piedra.

Figura 6.12. Constantin Brancusi, *El beso,* 1907. Piedra.

Un cuerpo puede ser pesado o ligero por varios factores: hueco o compacto, grande o pequeño, y por la relación y proporción entre sus tres dimensiones.

Un ejemplo de cuerpo ligero es la escultura *Gran hoz,* de Julio González (Fig. 6.13). En ella se puede apreciar que la mayoría de sus formas tienden a ser delgadas y esbeltas; mientras que la obra *Sin título,* de Pello Irazu (Fig. 6.14), se significa por sus formas minimalistas y pesadas.

2.3 Los puntos de vista

La percepción del volumen no se produce desde un único punto de vista. Cuando observamos un cuerpo con volumen solo de frente, no estamos considerando sus laterales y su parte posterior. Para percibir el volumen es necesario moverse alrededor de él o girar el cuerpo que percibimos (Fig. 6.15).

De este modo conoceremos la totalidad de un cuerpo con tres dimensiones si percibimos sus partes más significativas, es decir, la parte anterior, la posterior y las laterales. También puede ser interesante situarnos lejos o cerca, o incluso desde arriba o desde abajo. De esta manera podemos captar calidades y cualidades que no percibamos desde un punto de vista frontal o estático.

Figura 6.13. Julio González, *Gran hoz,* 1937. Bronce.

Figura 6.14. Pello Irazu, *Sin título,* 1963. Acero.

Figura 6.15.

Procedimientos y técnicas

Maquetas y transportador

Realización de maquetas en escultura

Para realizar una escultura de grandes dimensiones, el dibujo de la misma no es suficiente para su realización. El problema principal es cómo se percibirá la obra en su forma real en el espacio que va a ocupar y, sobre todo, que pueda ser vista desde todos los puntos de vista.

Por tanto, lo más adecuado es realizar una réplica a pequeña escala del original que permita ensayar las ideas estéticas y plásticas que se quieren desarrollar, observando que todas las formas, texturas, etc., que se han realizado puedan ser llevadas a la obra definitiva. Este pequeño modelo se denomina **maqueta,** y junto con los dibujos preparatorios ha sido tradicionalmente la base de estudio de la obra escultórica para el artista. Para el cliente que ha encargado la obra, se trata de una visión concreta de la misma (Figs. 6.16 y 6.17).

Los materiales más utilizados para hacer una maqueta de una escultura son la arcilla, la plastilina, la cera y la escayola, entre otros.

Figura 6.16.

Figura 6.17.

Las magnitudes de una maqueta suelen ser transportadas de manera mecánica a su escala definitiva, si se está trabajando en piedra o madera, por medio de una técnica denominada **punteado.** Esta técnica se basa en tomar, con exactitud, las diferentes medidas de las formas y llevar, por medio de un transportador, las proporciones a la madera o piedra donde se va a realizar la escultura mediante una estructura metálica que posee unas varillas ajustables.

El transportador

El **transportador** es un instrumento por el que se puede copiar con exactitud una escultura en su mismo tamaño, o en otro mayor manteniendo las proporciones. Está compuesto por patas que pueden ajustarse a las formas de la escultura, y se colocan de manera adecuada para situar puntos concretos de la escultura original (Fig. 6.18).

Una vez realizado el paso anterior, se posiciona el transportador alrededor del bloque del material en el que se va a trabajar (madera o piedra), con las patas tocando la superficie del material. A medida que este se va tallando, las patas del transportador van profundizando sobre él hasta fijar los puntos predeterminados.

Esta técnica del punteado por medio del transportador ha sido muy utilizada por los escultores de todos los tiempos.

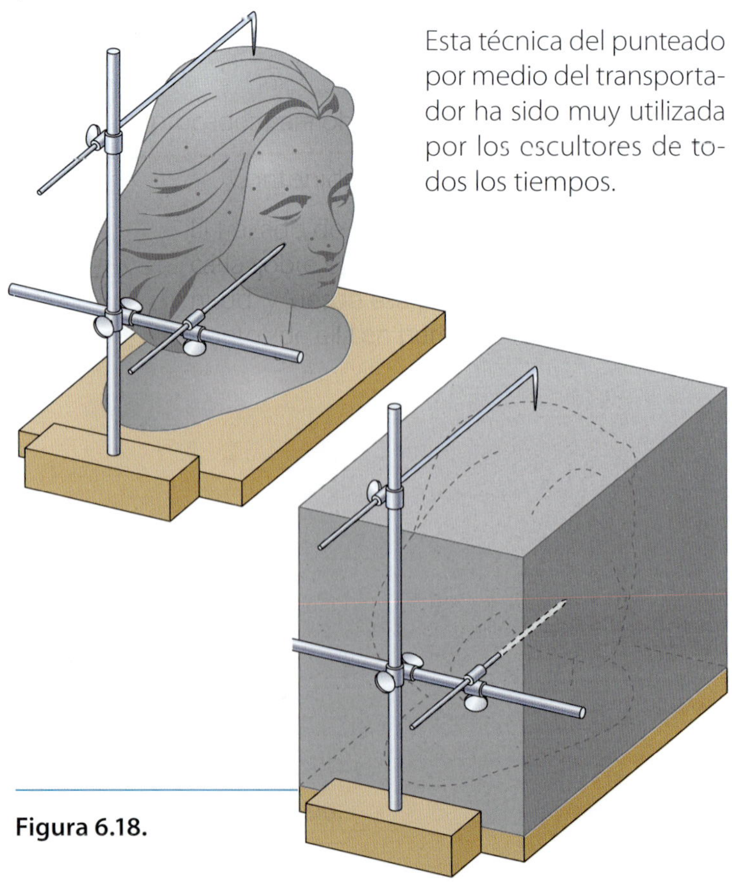

Figura 6.18.

Aplicaciones

Combinación de medios en escultura

Muchos artistas han mezclado diferentes tipos de materiales, medios y técnicas como forma de huir de las maneras tradicionales de la representación escultórica, basadas fundamentalmente en la talla de madera y piedra, o del vaciado en diferentes metales.

Collage

Como sabes, la técnica del ***collage*** fue creada por los cubistas en la segunda década del siglo XX. En un principio se manifestó como una técnica que se desarrollaba solo sobre soportes planos, pero de manera gradual fue también formando parte de obras tridimensionales, las cuales estaban formadas por diferentes medios y materiales, como puede apreciarse en la obra *El cuadro de los bolos, Merzbild 46,* de Kurt Schwitters (Fig. 6.19). De ahí que el nombre que se le dio a esta técnica de combinar materiales fuese **ensamblajes.**

Figura 6.19. Kurt Schwitters, *El cuadro de los bolos, Merzbild 46,* 1921. Ensamblaje pintado.

Ahora hazlo tú

Realiza un *collage* tridimensional y una instalación siguiendo los criterios que has estudiado en este apartado. Utiliza los materiales y el formato que más te convenga para que tu obra quede lo más estética posible.

Instalaciones

La **instalación** es una forma de escultura contemporánea donde la idea o el concepto que se quiere transmitir no está solo en los objetos mostrados, sino en las relaciones que se establecen entre varios objetos y la interacción de los objetos con el espacio donde se sitúan.

Por tanto, lo que se pretende es componer formas, objetos, etc., en un espacio, sin que hayan de estar preestablecidos unos con respecto a otros. La composición de la obra puede tener dos vertientes: una realizarla con orden y otra sin él. Puede trabajarse por acumulación o dispersión de elementos iguales o por contraste de materiales o colores. El fin último, ha de ser encontrar relaciones formales o de significado entre los objetos que aparecen en la obra.

Sarah Lucas desarrolla su trabajo por medio de la utilización de diversos medios y materiales. Sus instalaciones, como *Spinter* (Fig. 6.20), le han servido para plantearse cierto tipo de estereotipos como son los morales o sexuales.

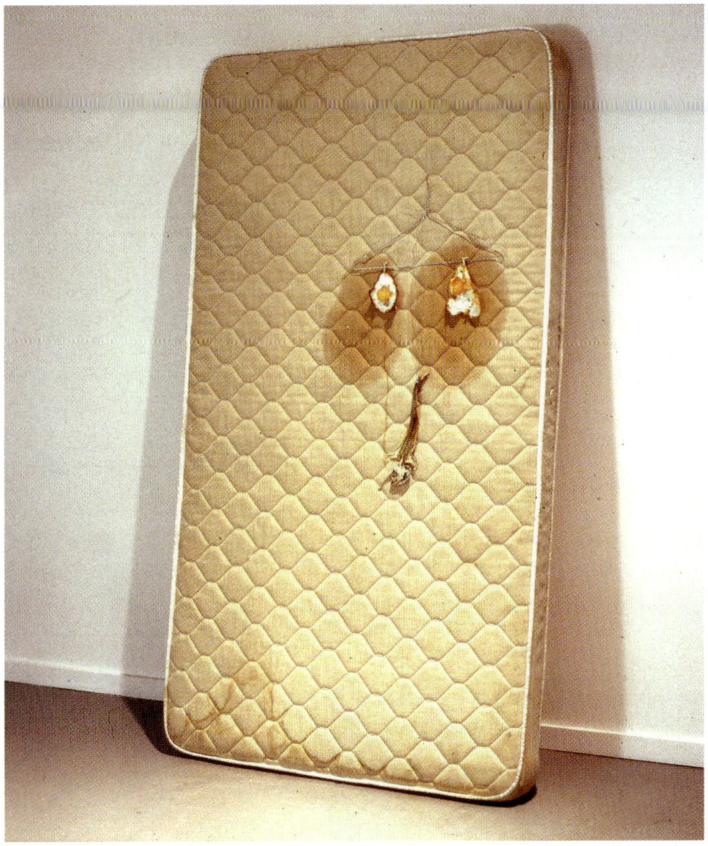

Figura 6.20. Sarah Lucas, *Spinter,* 2000. Instalación.

3. Fases en la elaboración de un proyecto técnico

Figura 6.21.

3.1 Introducción a la normalización

Normalizar es establecer unas pautas que regulen las condiciones de ejecución de un proyecto científico o técnico y su posterior fabricación.

La **normalización** tiene como objetivo principal organizar los procesos de producción para rentabilizar rendimientos y reducir costes, de modo que contribuye a investigar sobre la calidad, la seguridad y la economía de los diversos productos que la industria genera. La normalización tiene además otros fines y ventajas: por un lado, define de manera precisa las peculiaridades de los productos y los materiales con los que están hechos. Además, facilita la lectura y la comprensión de los objetos representados mediante el dibujo técnico, eliminando así las fronteras que pudieran crear los distintos idiomas.

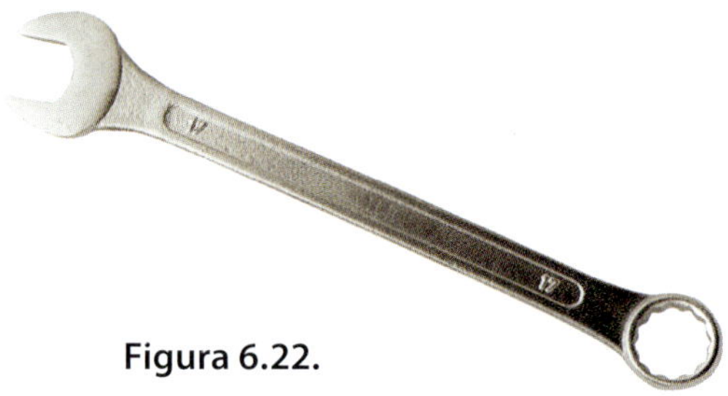

Figura 6.22.

Tipos de normas

Las normas están clasificadas en dos grandes bloques: las de ámbito nacional y las que lo trascienden y se encuadran en el plano internacional. La mayoría de los países industrializados están integrados en asociaciones internacionales: la más significativa de ellas es la ISO (Organización Internacional para la Estandarización), cuyas investigaciones y convenios tratan de unificar criterios en los diversos campos de la normalización.

La normalización en España

La normalización en España depende de AENOR (Asociación Española de Normalización y Certificación), que estudia, y posteriormente edita, las normas UNE (Una Norma Española). Dentro de esta institución hay diferentes comisiones técnicas que investigan las necesidades y los problemas de los distintos sectores de la industria. Las normas UNE son de obligado cumplimiento por parte de todas las empresas estatales. Sin embargo, muchas empresas privadas crean sus propias normas dentro de una misma línea de producción; a estas se las denomina normas de sector.

Hay una serie de normas que resultan muy importantes dentro del dibujo técnico, porque son las que lo codifican. Se desarrollan en diferentes reglas para representar objetos:

- Formatos de papel.
- Líneas normalizadas.
- Escala.
- Representación de piezas normalizadas: sistemas europeo y americano.
- Cortes secciones y roturas. Acotación.
- Rotulación.
- Roscas, tornillos y tuercas.

Figura 6.23.

Todos los objetos que te mostramos en estas imágenes (Figs. 6.21, 6.22 y 6.23), al igual que otros muchos elaborados por la industria, están sujetos a normas de ámbito universal para así poder ser utilizados en cualquier país y con aparatos de diferentes marcas.

Formatos de papel normalizado

El formato de papel del que se parte es un rectángulo de 1 189 × 841 mm, denominado A0. Esta superficie equivale a un metro cuadrado. Los formatos de dimensiones más pequeñas son siempre semejantes, y su superficie, la mitad de la anterior. Para doblar de modo normalizado un papel de un formato concreto se deben obtener dos categorías de la inferior. Se puede observar la aplicación de esta regla en la Figura 6.24.

Las medidas más utilizadas en dibujo técnico son las que aparecen en la Figura 6.26. La letra A designa la serie principal y es la que se usa para realizar dibujos técnicos; el número que la sigue equivale al número de plegados hechos a partir del formato A0, que se toma como origen.

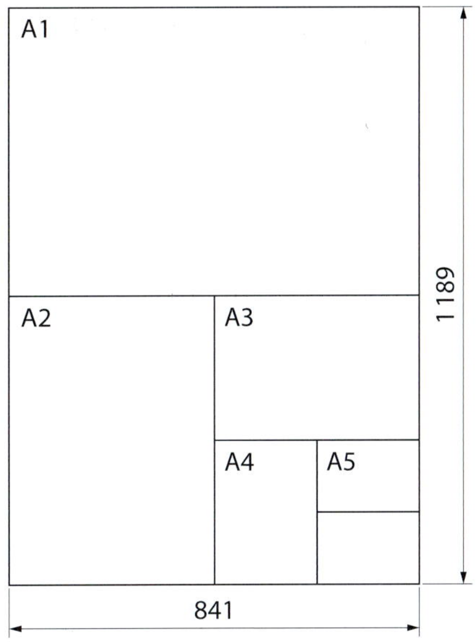

Formatos	Dimensiones
A0	841 × 1 189
A1	594 × 841
A2	420 × 594
A3	297 × 420
A4	210 × 297
A5	148 × 210

Figura 6.24.

Líneas normalizadas

Las líneas empleadas en la representación del dibujo técnico están tipificadas para ganar en claridad, tanto de interpretación como de exactitud. Así se normalizan los grosores y sus formas, y se concretan para ello varios grupos de líneas (Tabla 6.1).

El grueso de línea se debe elegir en función de las dimensiones del formato de papel y de las características del dibujo, de manera que ha de permitir la correcta observación del mismo y de una posible reproducción reprográfica (fotocopia).

Los grosores de línea en dibujo técnico a tinta son, en milímetros: 0,18; 0,25; 0,35; 0,5; 0,7; 1; 1,4 y 2.

Estos valores se deben a que, en las reproducciones de los dibujos, las reducciones o ampliaciones tienen el valor de 2 como constante: 0,25 × 2 = 0,5.

En la representación de un dibujo habrá siempre dos grosores de línea entre los que no existirá nunca una relación inferior al doble; es decir, que si se utiliza una línea fina de 0,18 mm, la gruesa deberá ser, como mínimo, de 0,35 mm.

Tabla 6.1.

Línea	Designación	Aplicaciones
A	Línea gruesa llena	Contornos y aristas vistas
B	Línea fina llena	Líneas de cota, proyección, referencia, rayados, cortes, secciones y ejes
C	Gruesa de trazos Fina de trazos[1]	Contornos y aristas ocultas
D	Fina de trazos y puntos	Ejes de revolución. Trazas del plano de simetría
E	Fina llena a mano alzada	Cortes parciales y roturas

[1] Solo se utilizará un tipo de línea en un mismo dibujo.

3.2 Las escalas

Como recordarás, en la mayoría de las ocasiones en las que se va a representar un objeto aparecen algunas dificultades tales como el tamaño, bien porque es muy grande para dibujarlo en los formatos normalizados de papel, o porque es muy pequeño y no se pueden precisar algunos detalles de su forma. Las escalas surgen para dar solución a estos problemas que se plantean en la representación gráfica de los objetos.

La **escala** es una relación entre las dimensiones de un dibujo y sus correspondientes dimensiones en la realidad. Esta relación puede expresarse en forma de proporción (escala 2:3), en forma de fracción (escala 2/3), en forma de decimal (escala 0,66), o en forma gráfica (Fig. 6.25).

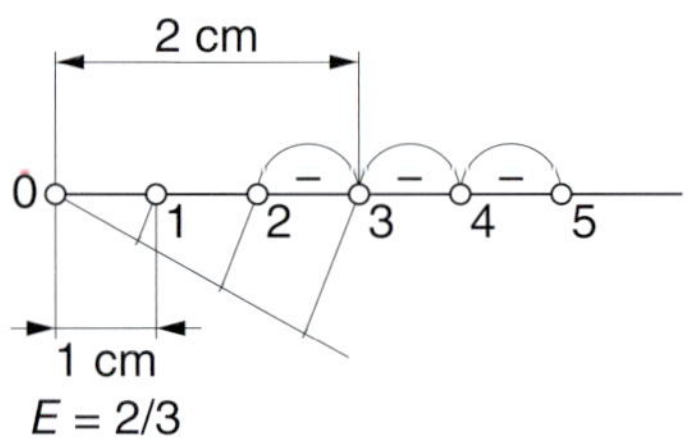

Figura 6.25.

$$\text{Escala} = \frac{\text{Medida del dibujo}}{\text{Medida de la realidad}}$$

Tipos de escalas

Como también sabes, existen tres tipos de escalas (Fig. 6.26):

- La escala que tiene por relación 1:1 se denomina **escala natural.** En ella las medidas del dibujo son iguales a las de la realidad.
- En la **escala de reducción** las medidas del dibujo son menores que las reales; por ejemplo, 1/50.
- En la **escala de ampliación** las medidas del dibujo son mayores que las reales; por ejemplo 5/2.

Cada tipo de escala se adecua a unas representaciones concretas. Así, las escalas de reducción se emplean para representar grandes objetos o espacios en arquitectura, ingeniería, diseño, topografía o cartografía. Las escalas de ampliación se usan en la representación del diseño de pequeños objetos. En los dibujos hechos a escala, el tamaño del dibujo está en función de la misma; sin embargo, la cifra de cota no varía; obsérvese esta norma en los ejemplos de las figuras adjuntas (Fig. 6.26). Sobre la base de la igualdad de que escala *E* es igual a la medida gráfica del dibujo *D* dividido entre su correspondiente realidad, *R*, podemos hallar cualquiera de los otros datos:

$E = D/R$;

$D = E/R$;

$R = D/E$

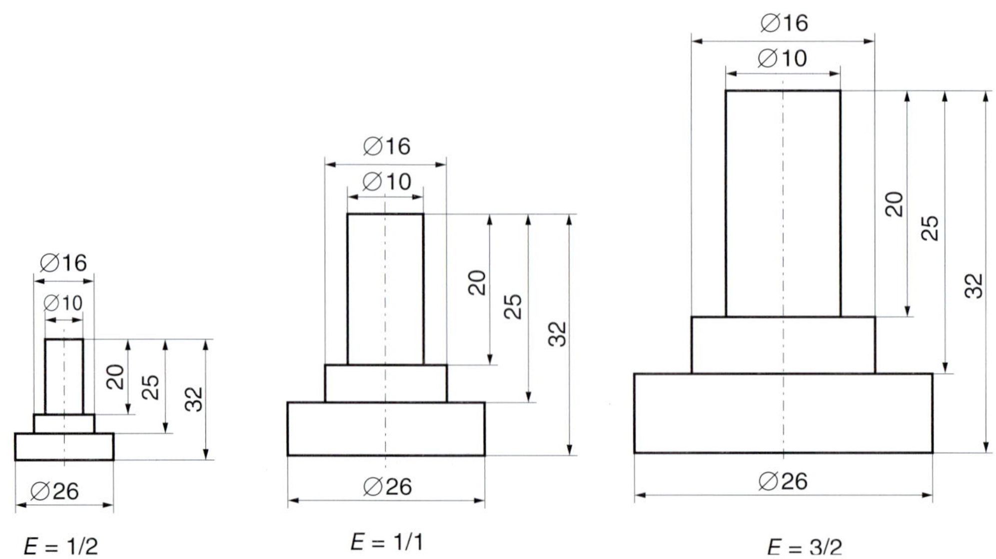

Figura 6.26.

Escala gráfica o volante

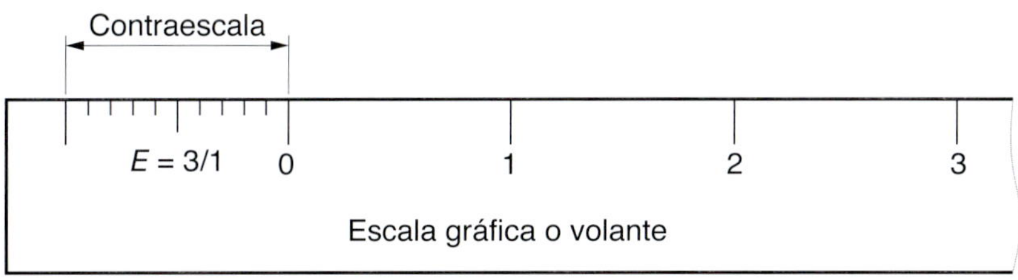

Figura 6.27.

Recuerda que es posible expresar las escalas de manera gráfica sobre un segmento graduado de forma proporcional. Este procedimiento permite leer y transportar directamente las medidas que necesitamos para comprender o ejecutar con rapidez y exactitud un dibujo. El método para realizar una escala gráfica o volante se basa en determinar el valor de la unidad en dicha escala. Para que esta escala gráfica tenga, además, un tamaño asequible de trabajo es conveniente elegir cuidadosamente la unidad en la que se va a desarrollar.

Se miden las décimas de una unidad de escala construyendo la **contraescala,** para lo que se divide dicha unidad en diez partes iguales (Fig. 6.27).

Construcción de escalas gráficas de ampliación

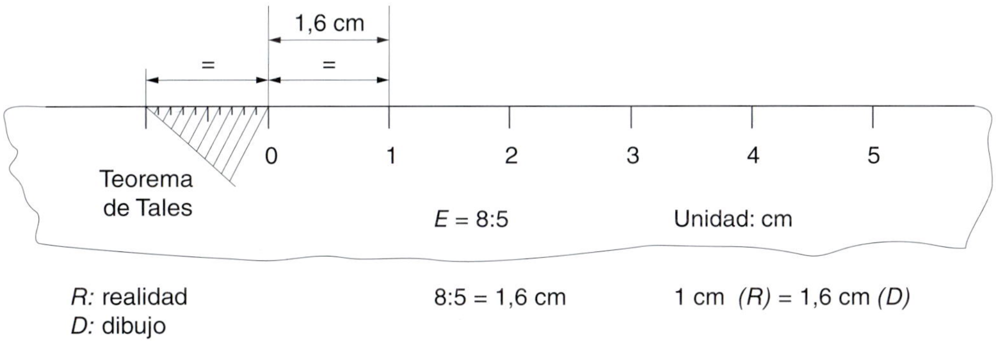

Figura 6.28.

Para estudiar la elaboración de una escala gráfica construiremos la escala 8:5, que es de ampliación y nos hace notar que cinco unidades del cuerpo real tienen una representación de ocho en el dibujo (Fig. 6.28). Hacemos la división (8:5 = 1,6) y escogemos el centímetro como unidad de escala, que se representa en el dibujo con 1,6 cm. Se puede observar que no existe una gran diferencia métrica entre ambas.

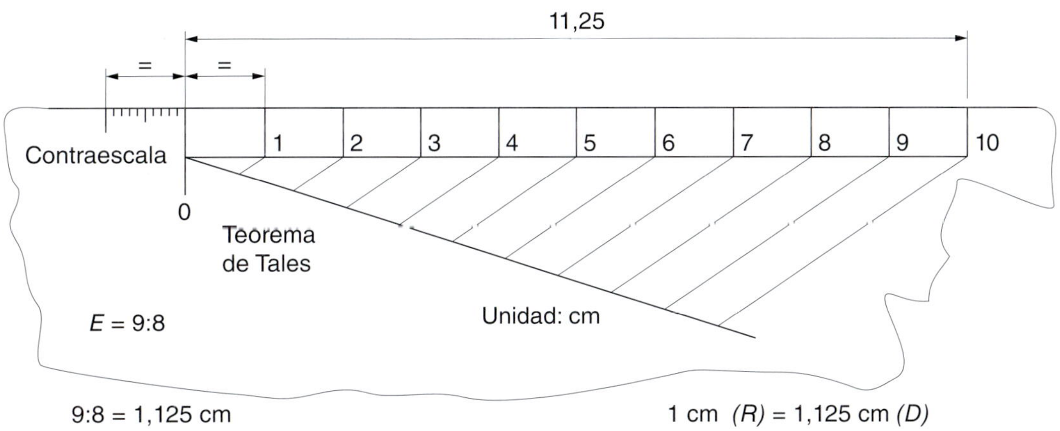

Figura 6.29.

Sobre una tira de papel se sitúa y se repite esta medida (1,6 cm) tantas veces como unidades se necesiten representar, y partiendo del cero, se indica en cada una de ellas un número correlativo (1, 2, 3, etc.). A la izquierda del cero se transporta una unidad de escala, que se divide utilizando el teorema de Tales en diez partes iguales; así, habremos representado la contraescala.

Pensemos en una escala gráfica cuya unidad tenga partes fraccionadas, como en el caso de la escala 9:8, que tiene una unidad de 1,125 cm, imposible de representar con la regla, ya que contiene tres decimales (Fig. 6.29). Este tipo de escala no se puede transportar directamente como en el caso anterior; por tanto, se ha de tomar una magnitud diez veces mayor a la unidad, es decir, 11,25 cm, medida que sí podrá ser representada con regla. Después, se divide en diez partes iguales aplicando de nuevo el teorema de Tales; cada una de ellas corresponderá a una unidad sin ningún error métrico. La contraescala se hará del mismo modo que en el caso anterior.

Construcción de escalas gráficas de reducción

Dada la similitud de construcción de una escala de pequeña reducción (2:3, 5:7, etc.) con las de ampliación desarrolladas anteriormente, vamos a ocuparnos en este apartado de confeccionar escalas graficas de mediana y gran reducción. Para ello hemos escogido las escalas de 1:50 como ejemplo del primer caso, y la escala de 1:75.000 como ejemplo del segundo.

En la construcción de la escala gráfica 1:50 (Fig. 6.30) conviene utilizar metros porque, como cada unidad del dibujo representa 50 de la realidad, 1 m estará representado por 1:50 m, es decir, 0,02 m, o lo que es lo mismo, 2 cm. Por consiguiente, cada metro de la realidad tendrá una representación en el dibujo de 2 cm.

Para realizar la contraescala, como ya se sabe, se divide una unidad en diez partes iguales, lo que nos permite medir decímetros.

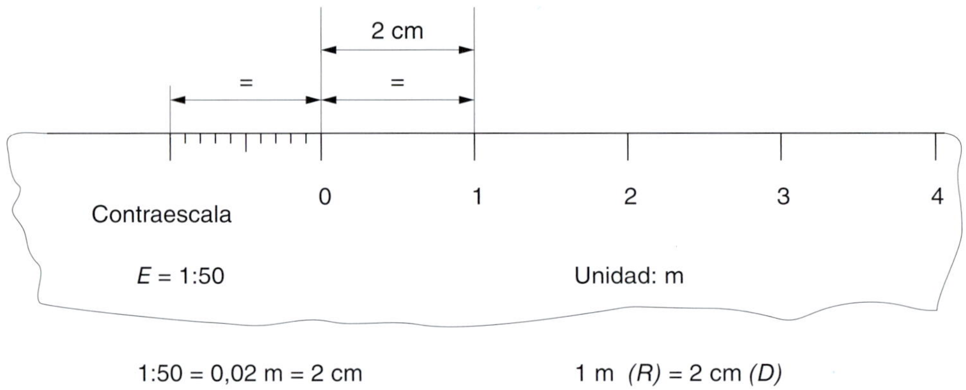

Figura 6.30.

Para dibujar la escala gráfica 1:75 000 (Fig. 6.31) haremos lo mismo que hemos hecho hasta ahora, dividimos 1 entre 75 000 y obtenemos que 1 km real está representado por 0,0000133 km, es decir, por 1,33 cm. Con el fin de trazar con la mayor exactitud posible esta magnitud, llevamos sobre una tira de papel 13,3 cm, que equivalen a 10 km en la realidad. Así se consigue no despreciar las tres centésimas del número.

Se divide geométricamente esta medida en diez partes iguales y se obtiene la representación de la unidad, 1 km. De este modo se ha realizado la escala gráfica en kilómetros; ahora se dibuja la contraescala para poder medir hectómetros.

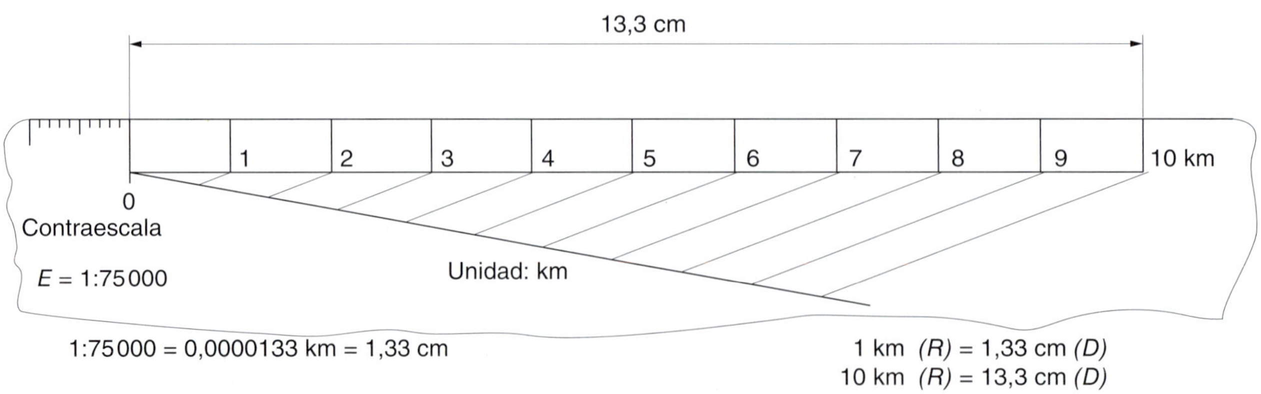

Figura 6.31.

Escalas normalizadas

El manejo de las escalas gráficas posibilita tomar cualquier medida sin que esto suponga que sea necesario realizar una ampliación o una reducción anterior.

Estas escalas que te presentamos (Fig. 6.32) son las más utilizadas, dentro de las que las normas UNE establecen para construir objetos de pequeño formato, como martillos, vasos, cucharas, etc., con las que se utiliza la escala natural. En objetos de tamaño superior, como sillas, campanas y otros del mismo tamaño, la escala es 1:5 o 1:10. Para alzados y plantas de viviendas o maquinaria pesada se emplean las escalas 1:25 y 1:50. En planos de edificios singulares, las escalas son 1:100 y 1:200. Finalmente, en representaciones de construcciones civiles de gran formato, como aeropuertos, estaciones ferroviarias o similares, las escalas son 1:500 y 1:1 000.

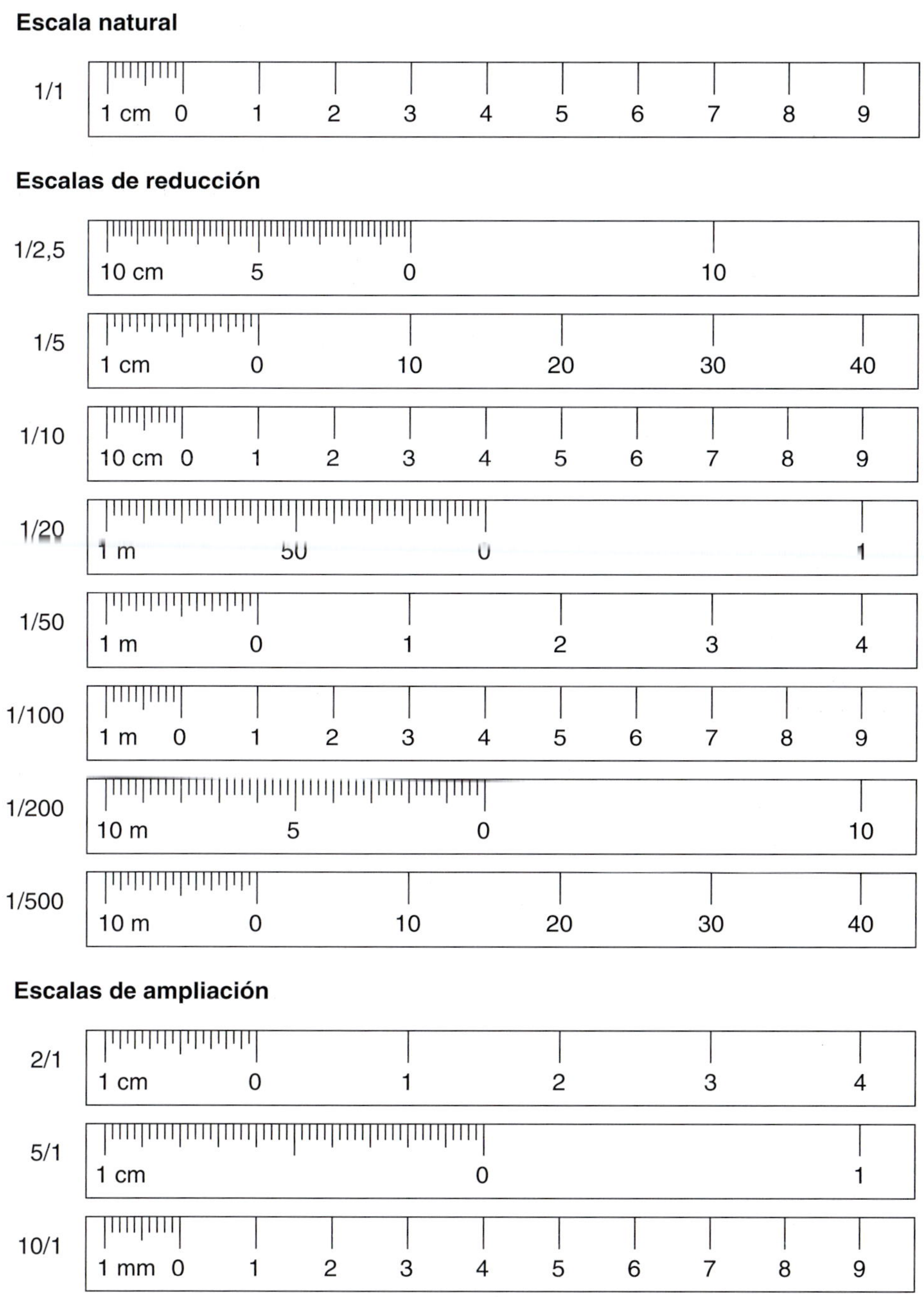

Figura 6.32.

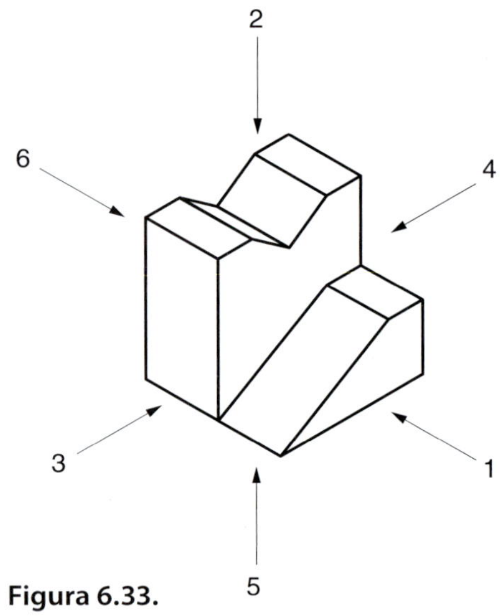

Figura 6.33.

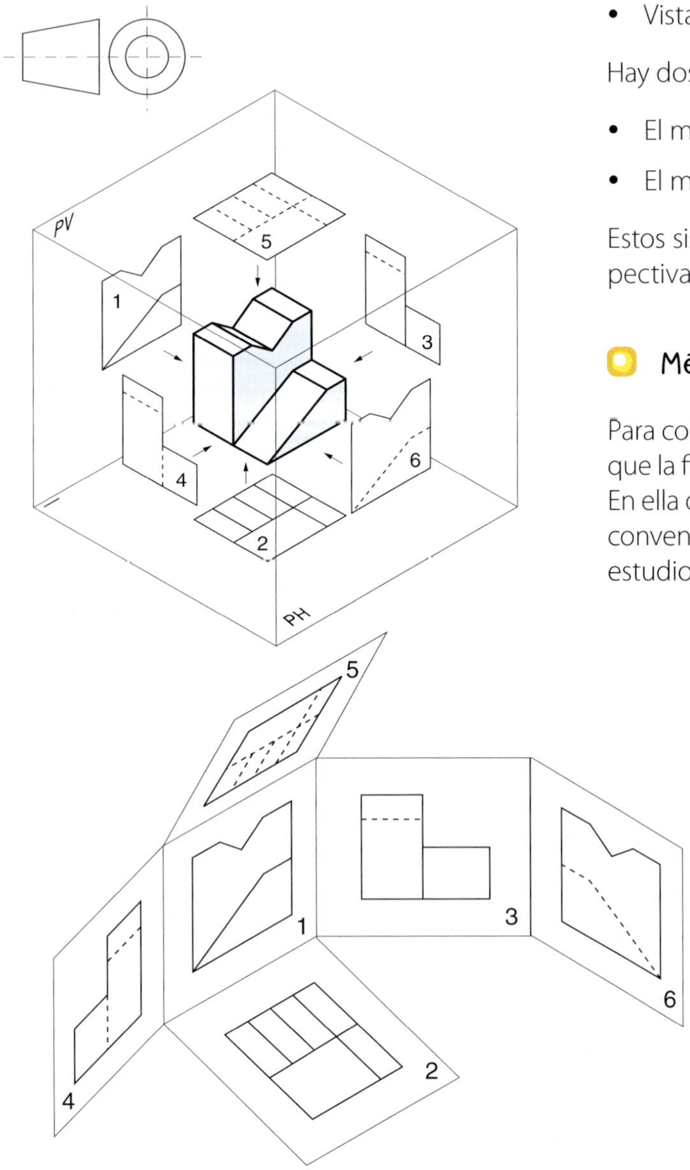

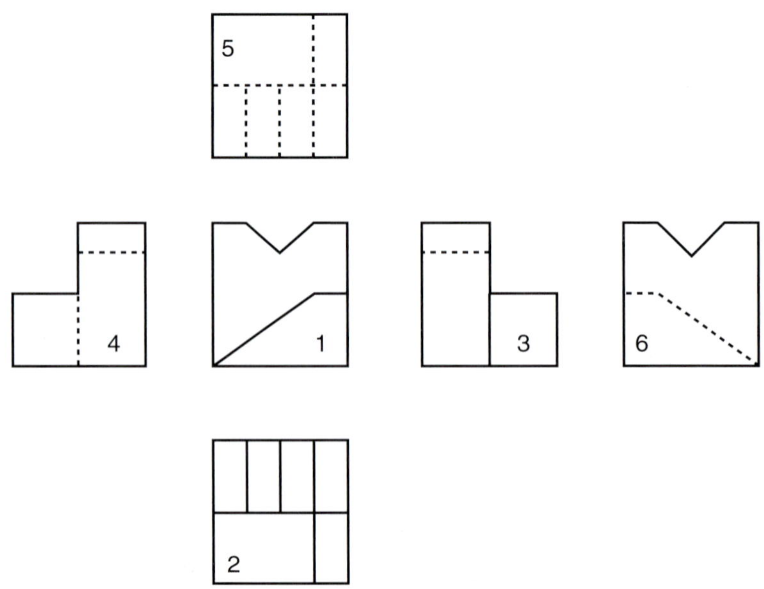

Figura 6.34.

3.3 Representación normalizada de objetos

Las representaciones normalizadas de los objetos en dibujo técnico se fundamentan en el **sistema diédrico ortogonal.** De acuerdo con él, las proyecciones de un sólido, según las distintas direcciones de observación, se llaman **vistas.**

En el caso de que el objeto sea complejo, se puede llegar a representar hasta seis vistas, que se obtienen al proyectar ortogonalmente sobre cada una de las caras del cubo en cuyo interior está situado (Fig. 6.33).

- Vista 1: alzado o vista principal.
- Vista 2: planta superior.
- Vista 3: perfil izquierdo o vista lateral izquierda.
- Vista 4: perfil derecho o vista lateral derecha.
- Vista 5: planta inferior.
- Vista 6: alzado posterior.

Hay dos sistemas generalizados en el dibujo técnico:

- El método del primer cuadrante o **sistema europeo.**
- El método del tercer cuadrante o **sistema americano.**

Estos sistemas se usan principalmente en las industrias ubicadas en las respectivas zonas geográficas.

Método del primer cuadrante (sistema europeo)

Para contemplar las seis vistas en un único plano abatimos las caras sobre la que la figura contiene el alzado. El resultado final se aprecia en la Figura 6.34. En ella queda de manifiesto la correspondencia entre las diferentes vistas. Es conveniente dejar un espacio amplio entre ellas para su mejor percepción y estudio.

Método del tercer cuadrante (sistema americano)

El sistema americano se sirve del tercer diedro como base para hacer las proyecciones de los objetos (Fig. 6.35). En él, al desplegar los planos de proyección, la posición de las vistas es diferente. En los dos sistemas se parte de una misma vista principal, el alzado, pero en el europeo la imagen del objeto que se ve se dibuja sobre el plano, mientras que en el americano se proyecta, como si las caras del sólido fueran sellos de caucho que se estampan sobre los planos de proyección, consiguiendo así las vistas del objeto.

Si nos fijamos en las vistas de un mismo cuerpo proyectado en el sistema europeo y en el sistema americano, observamos que el alzado y la planta es lo único que no ha variado. Para saber identificar con rapidez el método que se ha empleado para dibujar los planos del cuerpo, se usa el símbolo (a) para el sistema europeo y el (b) para el americano.

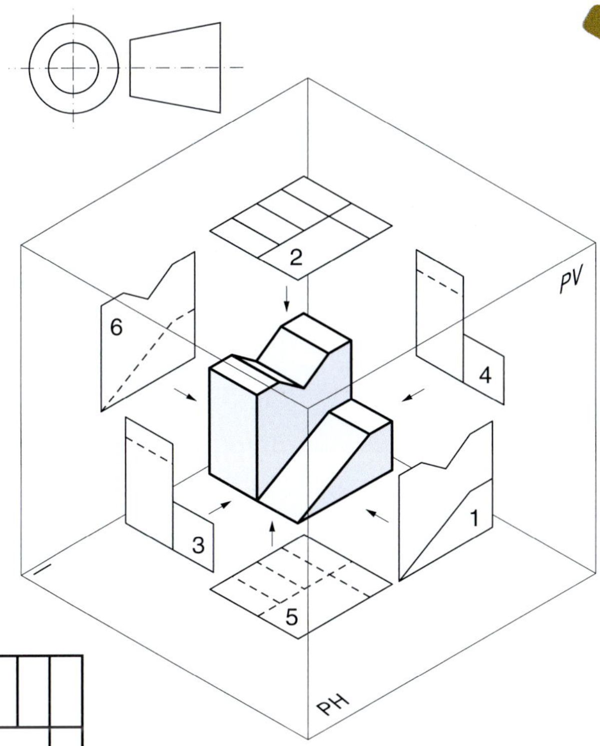

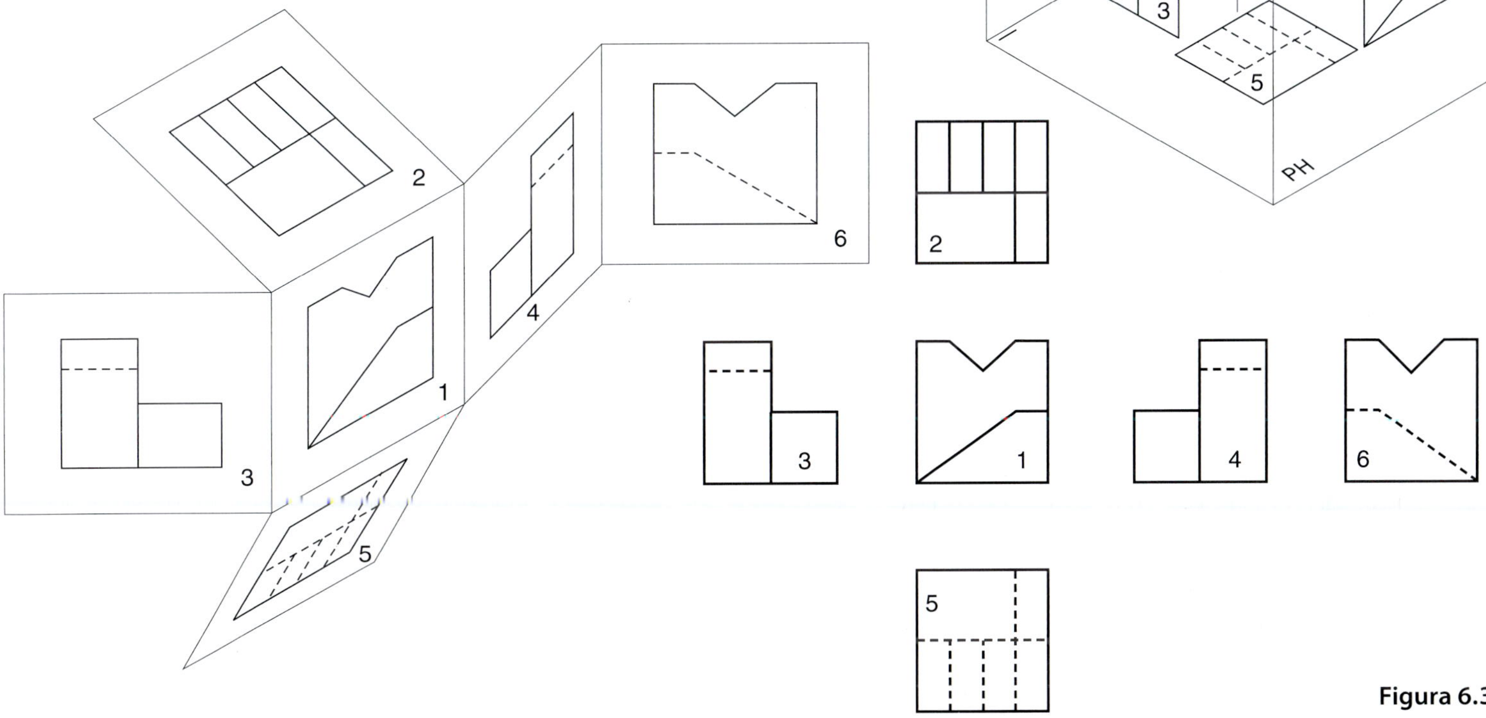

Figura 6.35.

Elección de las vistas

La elección de las vistas suele ser, al principio, algo complicado. Se ha de dar el menor número posible de vistas, dejando definido el objeto sin generar ninguna confusión sobre su forma o sus dimensiones. Por eso sugerimos algunos criterios para elegir correctamente las vistas de un sólido.

- El primer paso que se ha de dar consiste en seleccionar la vista más significativa del objeto, el alzado, pues suele ser la que más aristas tiene.
- Posteriormente, observaremos el número de vistas necesarias para determinar correctamente el objeto, eligiendo, siempre que se deba dibujar un perfil, aquel que tenga más aristas y formas.
- Por último, la pieza quedará determinada, habitualmente, con tres vistas: alzado, un perfil y la planta superior. En los sólidos de revolución (cilindro, cono, etc.) será suficiente con el alzado y la planta.

Aplicaciones

Cortes, secciones y roturas

Los cortes, las secciones y las roturas nos permiten estudiar por dentro los objetos huecos y prescindir de innumerables trazados de líneas ocultas para determinarlos con exactitud.

Además, con estos procedimientos se pueden detallar las dimensiones de algunos elementos técnicos importantes que con frecuencia se encuentran ocultos en las piezas industriales (Fig. 6.36).

- Se denomina **corte** a la representación gráfica de la intersección y la parte del sólido visible al otro lado del plano de corte.
- La **rotura** es un tipo de corte que se realiza en objetos en los que interesa ver solo un detalle. La rotura se delimita con una línea fina.
- La **sección** es la representación gráfica de la intersección del plano de corte con el objeto, es decir, la parte del objeto contenida únicamente en el plano sección.

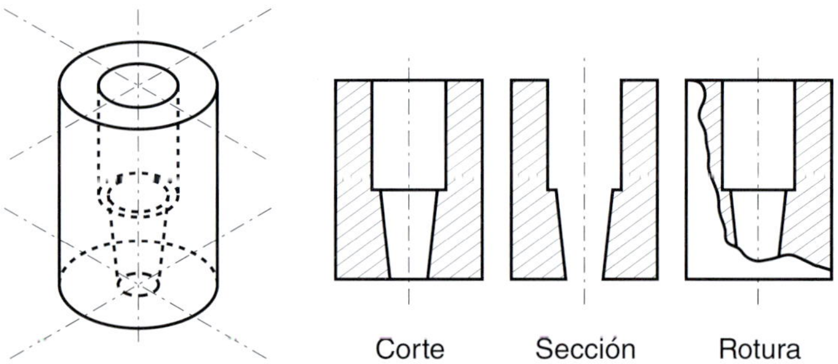

Figura 6.36.

Proceso de realización de un corte (Fig. 6.37)

a) Se observa con detalle el objeto para determinar por dónde se ha de hacer el corte. En este caso, se ha utilizado el plano α.

b) De forma imaginaria, se elimina la parte del objeto situada por delante del plano a. El propósito del corte consiste en representar de manera rayada la parte de objeto que está en contacto con el plano sección: así se diferencia del resto del sólido, sin rayar la parte situada por detrás. Esta operación se realizará a 45° con líneas finas y equidistantes. Se hará lo mismo para diferenciar secciones o roturas de los objetos.

c) Se indicará siempre el plano de sección sobre una vista. Habitualmente se toma la planta, y el corte se dibuja en otra vista, que suele ser el alzado. Generalmente, los tipos de corte que se utilizan son los siguientes.

- **Corte al medio,** que divide al objeto en dos partes iguales.
- **Corte al cuarto,** que separa a un cuadrante del objeto.
- **Corte por varios planos,** por el cual se obtienen diversas vistas interiores del objeto.

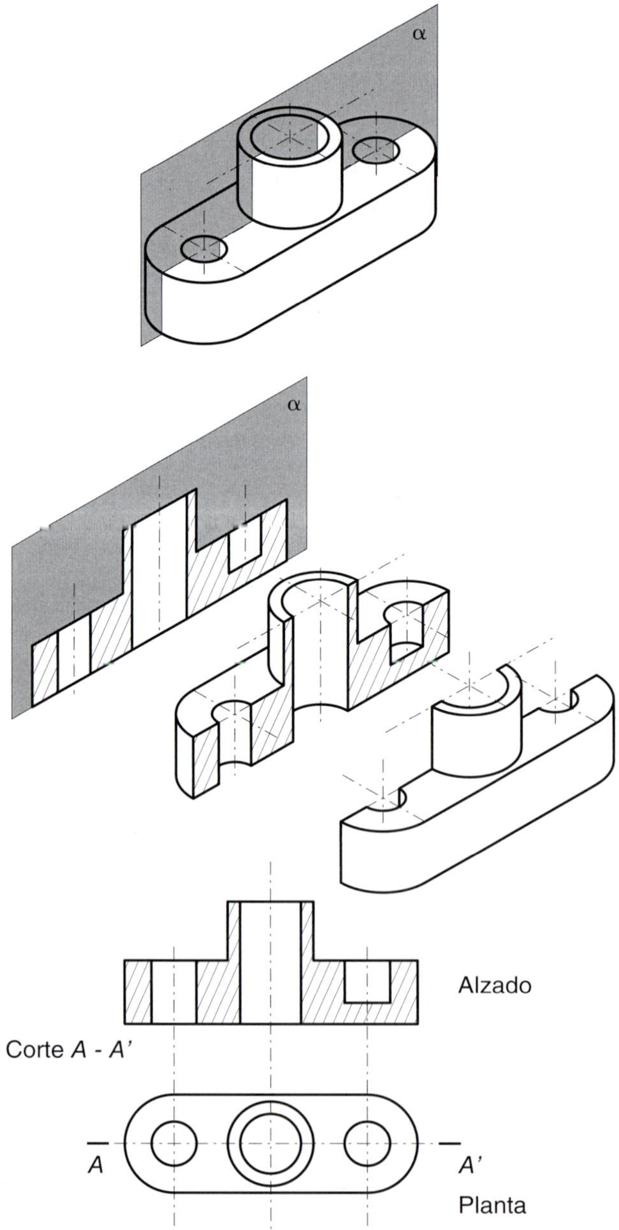

Figura 6.37.

Actividades finales

Elaboración de escalas y representación normalizada de objetos

1. Representa sobre diferentes tiras de papel las siguientes escalas volantes:
   - 5:3.
   - 5:8.
   - 1:25.
   - 1:250.
   - 1:37 500.

2. Sobre el dibujo de un edificio se toma una medida de 5 cm. Se sabe que el plano de este edificio está realizado a escala 1:250. ¿Cuánto mide en realidad el segmento tomado?

3. Dibuja las vistas mínimas necesarias para determinar los sólidos cuyas perspectivas se indican en la Figura 6.38.

   Representa los correspondientes a los números 1 y 2 en el primer diedro (sistema europeo), y el que tiene el número 3 en el sistema americano. Elige como alzado la vista que consideres más relevante del sólido.

b)

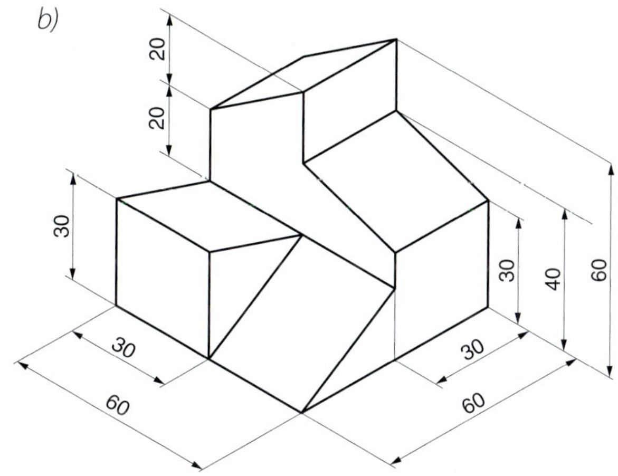

a)

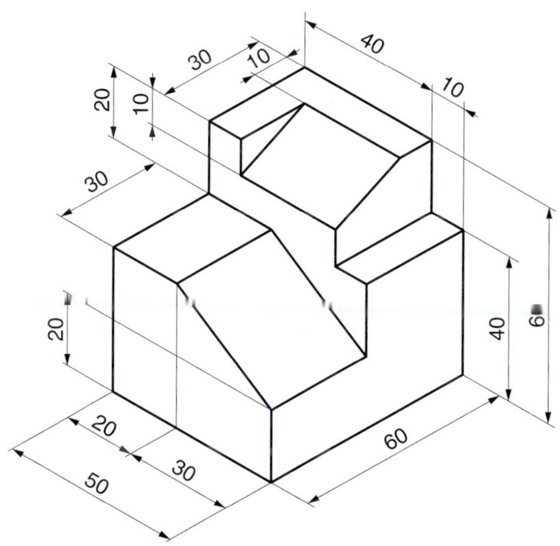

c)

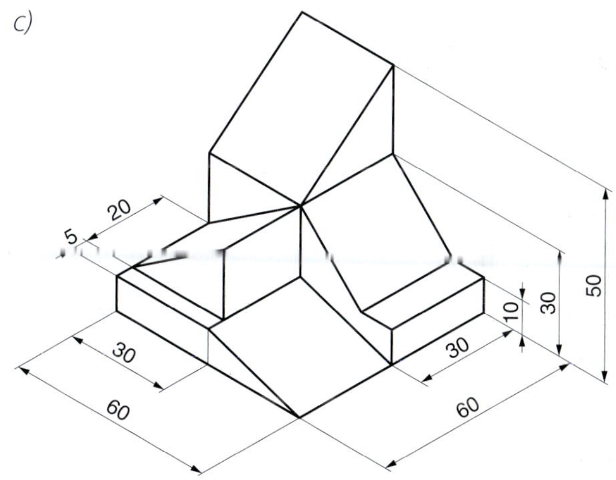

Figura 6.38.

4. Analiza los cortes de las piezas *a)* y *b)* de la Figura 6.39.

   ¿Qué tipo de cortes se han practicado a cada una de ellas? Dibuja en ambos casos los alzados una vez realizado el corte, así como sus plantas completas, e indica en ellas el plano sección.

a) *b)*

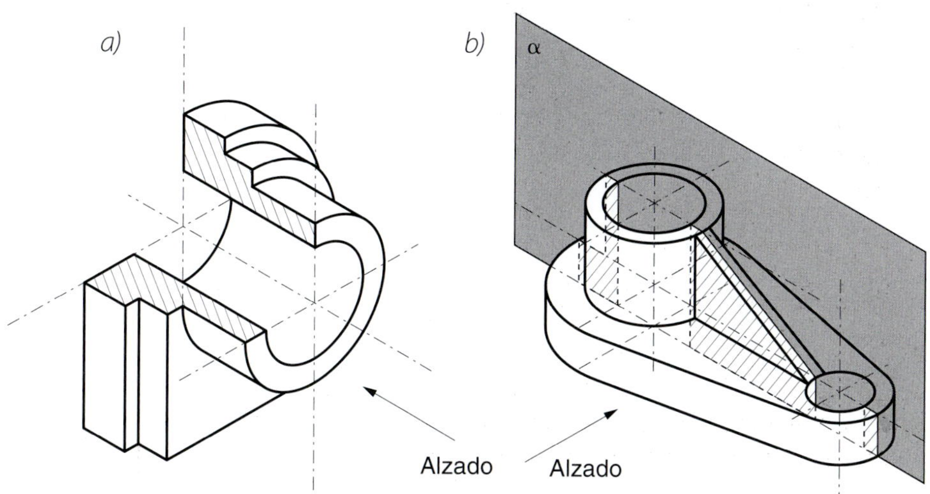

Figura 6.39.

3.4 Sistemas de acotación

Se denomina **acotación** al conjunto de medidas, líneas y símbolos que aparecen en el dibujo y que determinan con precisión y rigor la forma y las dimensiones de un objeto.

- Comenzaremos analizando las magnitudes necesarias para determinar el objeto, teniendo en cuenta que estas no se repitan o que pueda faltar alguna de ellas. No se debe olvidar que las medidas del objeto son tan importantes para su comprensión como el propio dibujo.
- La acotación es un lenguaje y, por ello, no es algo rígido y cerrado, sino, como se observará más adelante, flexible. Dependiendo del objeto, podrá tener varias soluciones, siendo todas ellas válidas, pero, eso sí, el resultado tendrá que ser lo más comprensible y claro posible.

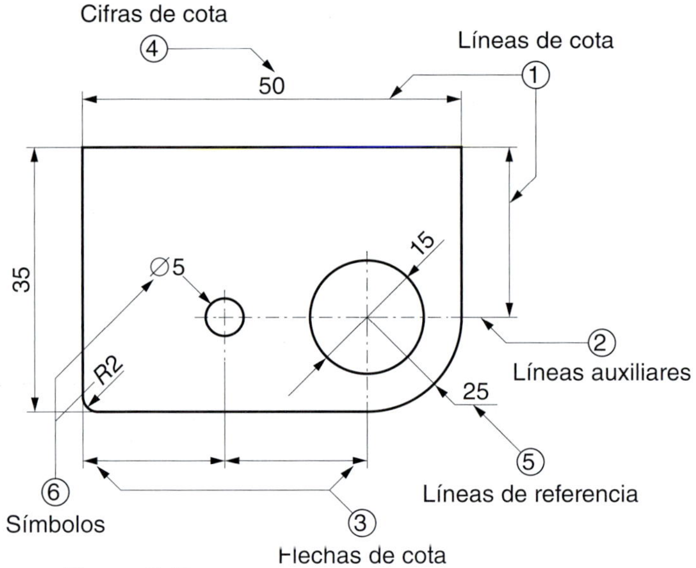

Figura 6.40.

Elementos de acotación

En la Figura 6.40 se muestran los elementos más significativos que se emplean en la acotación. Posteriormente se presentará de manera individualizada cada uno de ellos.

1. Líneas de cota.
2. Líneas auxiliares de cota.
3. Flechas de cota.
4. Cifras de cota.
5. Líneas de referencia.
6. Símbolos: R = radio; ∅ = diámetro.

Las **líneas de cota** son de trazo continuo y fino, rematadas con dos flechas en los extremos:

- Normalmente su situación es paralela a la dimensión acotada y, en algunos casos, perpendicular a la superficie a acotar (Fig. 6.41).
- La separación de la arista a la línea de cota ha de ser de 8 mm aproximadamente, y 5 mm entre sí cuando exista más de una línea, y no deben cortarse entre ellas, salvo que sea inevitable (Fig. 6.42).
- Para acotar arcos y ángulos se utilizan como líneas de cota arcos de circunferencia. Sin embargo, en el caso de cuerdas se utilizan segmentos paralelos a la magnitud que se va a acotar (Fig. 6.43).

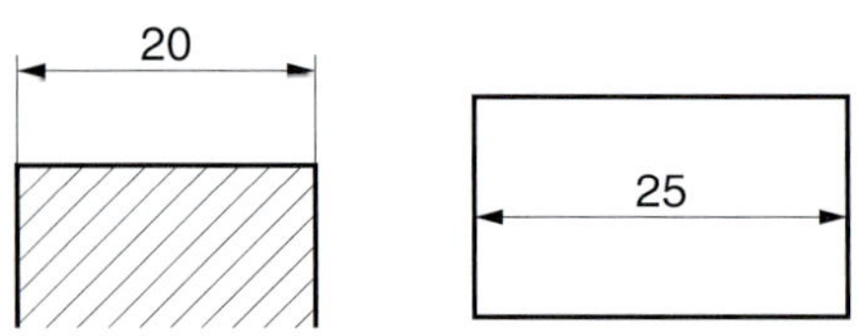

Figura 6.41.

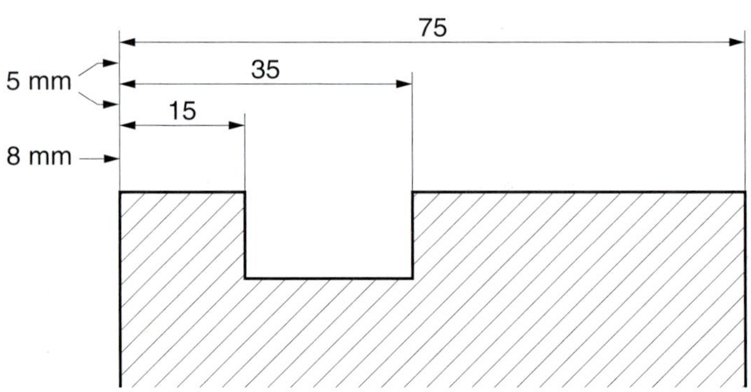

Figura 6.42.

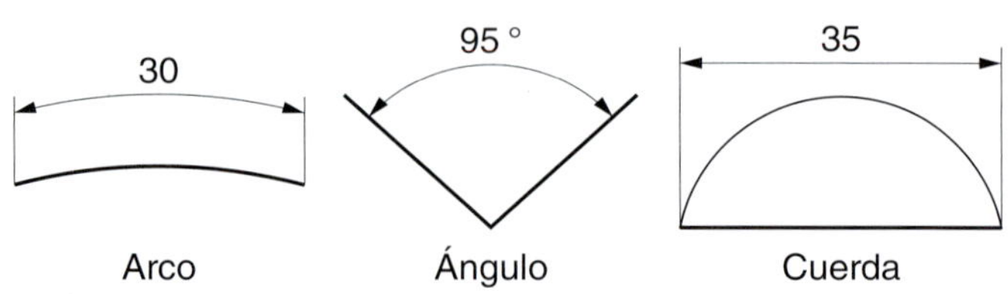

Figura 6.43.

- Nunca se usarán como líneas de cota las aristas ni sus prolongaciones, ni tampoco los ejes de los cuerpos (Fig. 6.44).

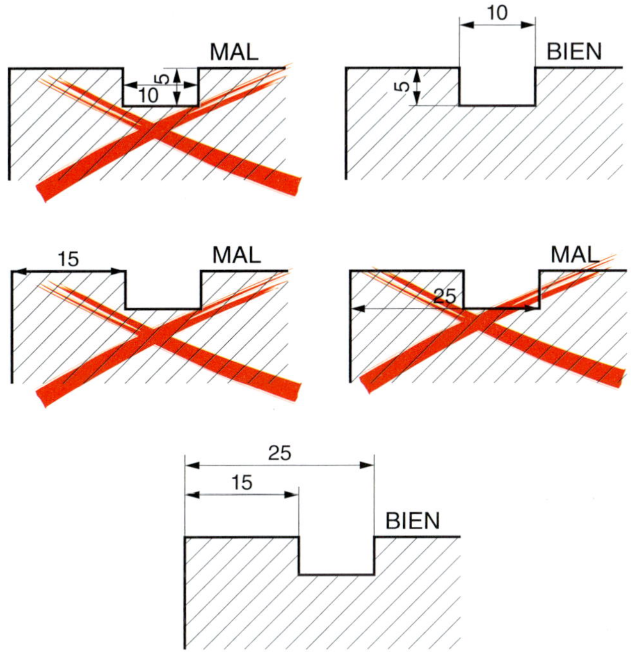

Figura 6.44.

Las **líneas auxiliares de cota** son líneas perpendiculares a la línea de cota, y su grosor es el mismo que el de las anteriores (Fig. 6.45).

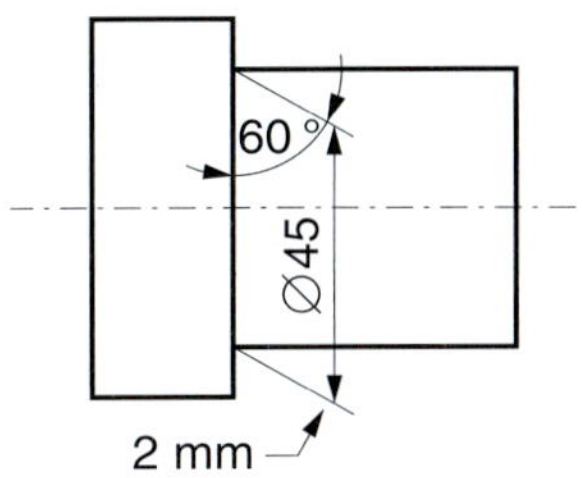

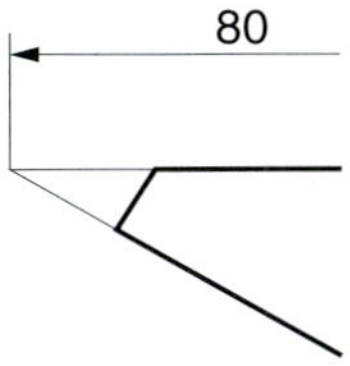

Figura 6.45.

- De manera excepcional, se pueden dibujar a 60°; es recomendable que sobrepasen la línea de cota en 2 mm aproximadamente.
- Las aristas de los cuerpos, junto con sus ejes, se pueden tomar como líneas de cota; en ciertos casos se constituyen como apoyo en la prolongación de las aristas concurrentes de construcción, achaflanados y redondeamientos.
- Por último, este tipo de líneas no se puede utilizar para vistas distintas del mismo objeto. Se ha de evitar que estas líneas corten a otras de cualquier tipo o que lo hagan entre sí.

Las **flechas de cota** deben cumplir las siguientes condiciones:

- Han de tener forma de triángulo isósceles, y su ángulo más agudo, un mínimo de 15° para indicar el extremo de la línea de cota (Fig. 6.46).
- Su longitud ha de ser igual a la altura de la cifra de cota y, aproximadamente, cinco veces el espesor de las líneas gruesa del dibujo.
- Las flechas de un mismo dibujo han de ser todas iguales y, dependiendo de la complejidad del mismo, se podrán situar según los ejemplos que aparecen en la Figura 6.47.

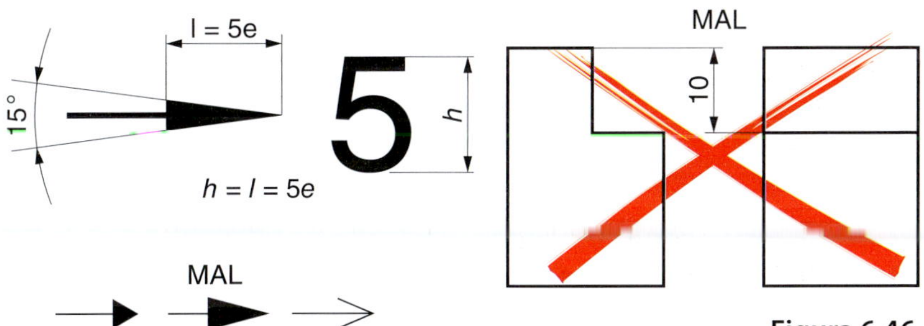

Figura 6.46.

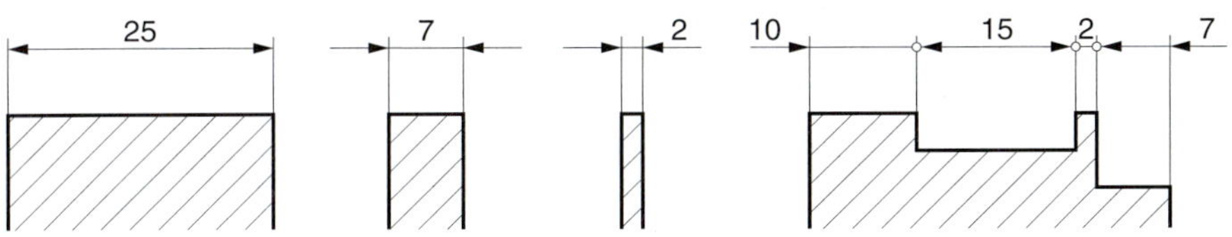

Figura 6.47.

La **cifra de cota** debe cumplir estos requisitos (Fig. 6.48):

- Este elemento refleja la longitud acotada. Se sitúa de manera que su lectura se realice en la posición normal del dibujo en todas las acotaciones horizontales, y desde la derecha en las acotaciones verticales.
- Se expresa en milímetros y se coloca en el centro, encima y separada de la línea de cota.

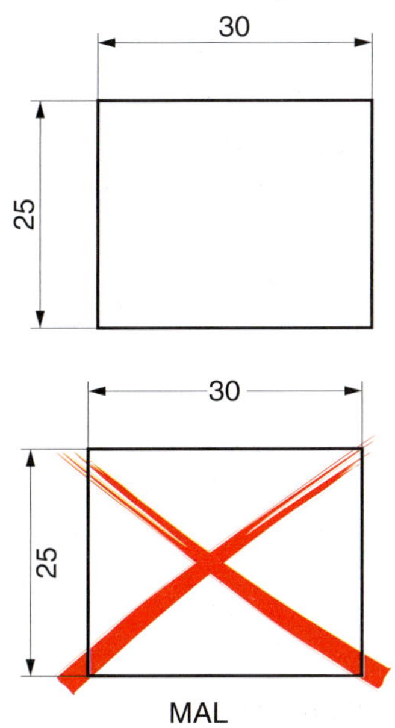

Figura 6.48.

Las **líneas de referencia** solo se han de usar en caso de necesidad. Son unas líneas finas que sirven para sacar una cifra de cota de un lugar donde su visión es difícil. También se utilizan para indicar el número de pieza en un dibujo de conjunto, tipos de acabado, etc.

Pueden terminar en una flecha si va a parar a una arista, o en un punto si finaliza sobre una superficie, y sin punto ni flecha se acaba en una línea de cota.

Los **símbolos** son abreviaturas convencionales que se establecen para dar una explicación sobre la magnitud acotada:

- **Diámetro:** el símbolo del diámetro es ∅ y se sitúa, al igual que el del radio, por delante de la cifra de cota cuando no se ve claramente la forma circular en la vista del objeto (Fig. 6.49).

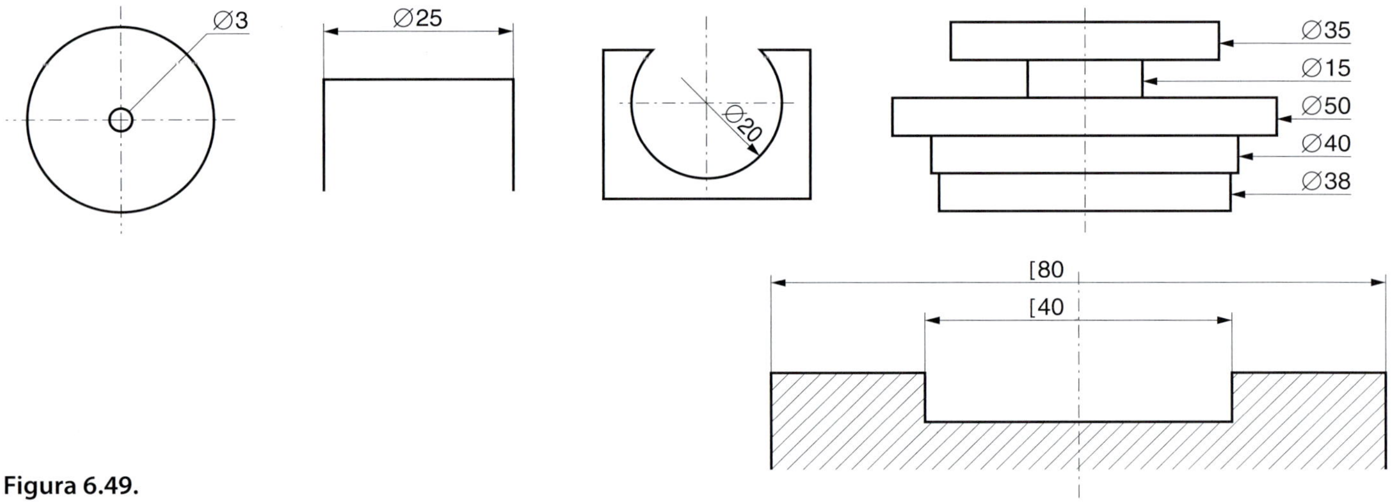

Figura 6.49.

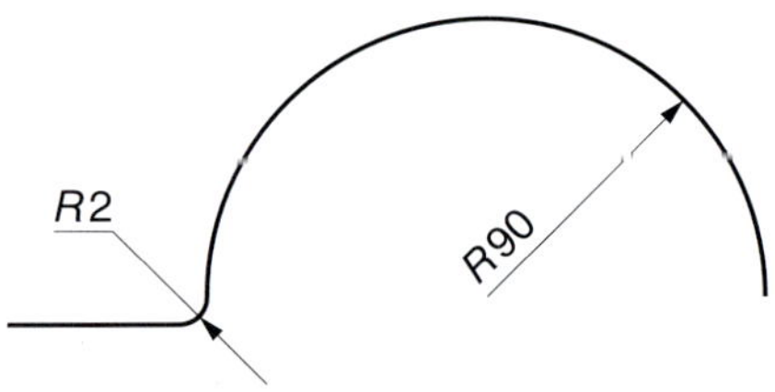

Figura 6.50.

- **Radio:** se indica el radio de un arco con la letra *R* cuando este es muy pequeño y no existe espacio para la acotación apropiada a tal efecto o, por el contrario, si el arco es muy grande y el radio sale de los límites del dibujo (Fig. 6.50).

Acotación de circunferencias y arcos

La **circunferencia** se acota mediante su diámetro. La línea de cota puede pasar por el centro de la curva, o, también, puede acotarse paralelamente a los ejes vertical y horizontal (Fig. 6.51). Se han de evitar, tanto para diámetros como para ángulos, las líneas de cota en las zonas de 30°, de la manera que indica la Figura 6.52. Los **arcos,** si son mayores de 180°, se acotan como si fuesen circunferencias. Los arcos menores de 180° se acotan por medio de su radio. Véase en la Figura 6.53 cómo se acotan arcos con diferente valor de radio.

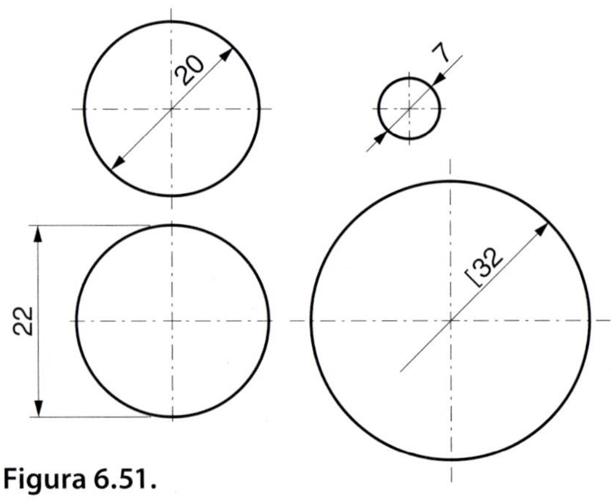

Figura 6.51.

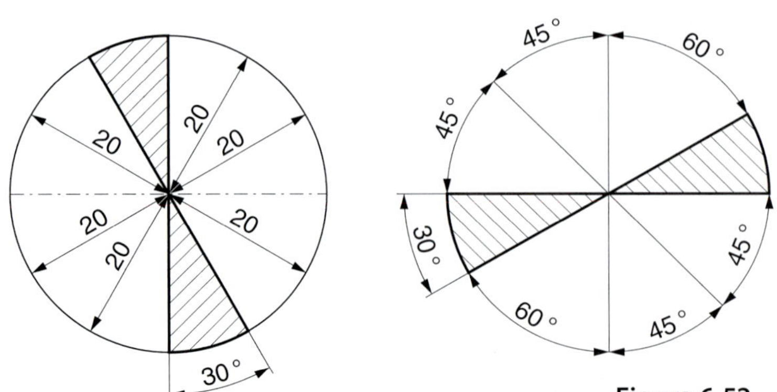

Figura 6.52.

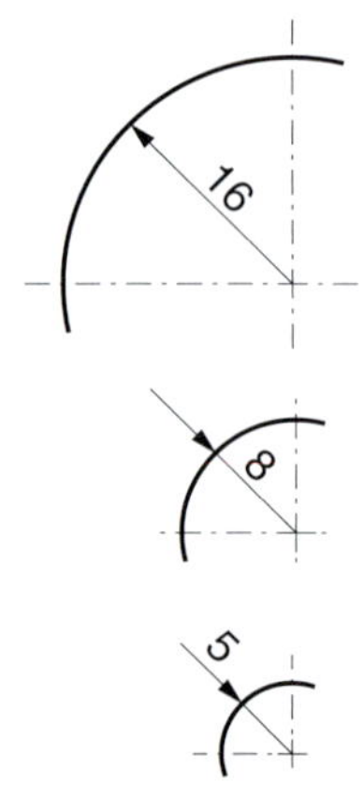

Figura 6.53.

Acotación de elementos longitudinales

La longitud de la línea de cota permite colocar flechas de cota y cifra de cota entre dos líneas auxiliares (Fig. 6.54a).

Si las líneas auxiliares están muy juntas, se sitúa la cifra de cota entre ellas y las flechas por el exterior (Fig. 6.54b).

Si la cifra de cota y las flechas no cupiesen entre las líneas auxiliares, se actuaría como muestra en la Figura 6.54c.

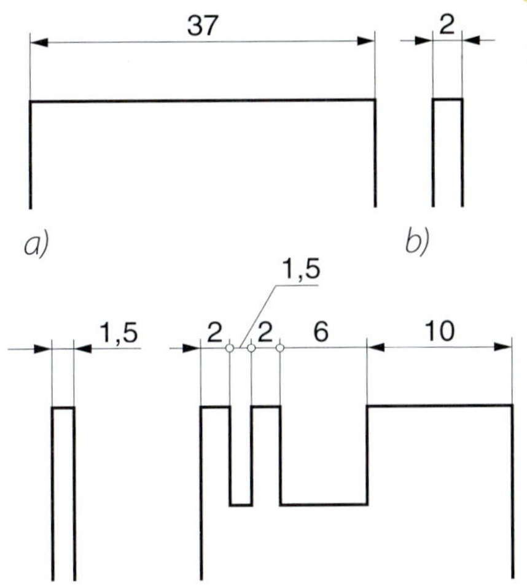

Figura 6.54.

Sistema de acotación en serie

Se habla de **acotación en serie** cuando todas las líneas de cota se sitúan sobre una misma recta (Fig. 6.55 y 6.56).

Con frecuencia, la medida total se halla sumando todas las parciales. Sin embargo, en ocasiones, también se indica la longitud total y se deja sin acotar una medida que se deducirá del total.

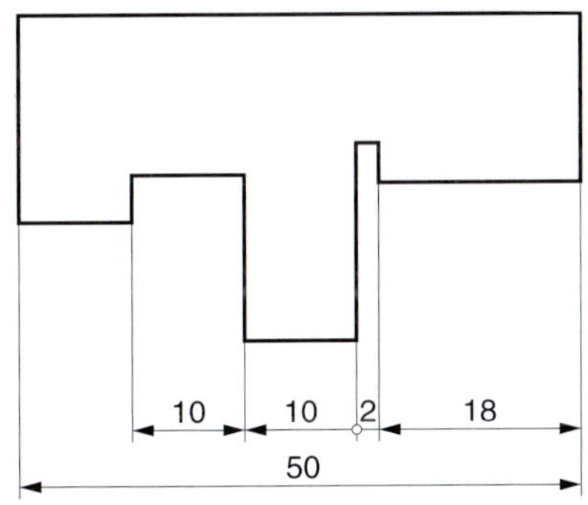

Figura 6.55.

Sistema de acotación en paralelo

En este sistema, las acotaciones se realizan tomando siempre como referencia una de las aristas, y las diversas cotas del objeto se sitúan de forma paralela (Fig. 6.57).

En la práctica se utilizan de manera combinada los dos tipos de acotación, dando libertad al dibujante para la aplicación de uno u otro sistema con el fin de que el resultado sea lo más claro posible (Fig. 6.58).

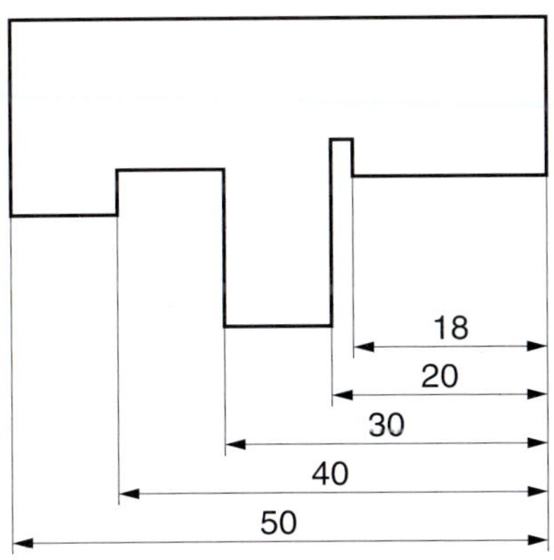

Figura 6.57.

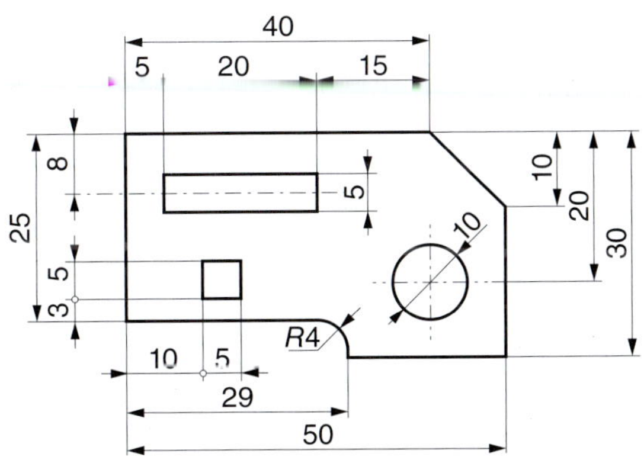

Figura 6.58.

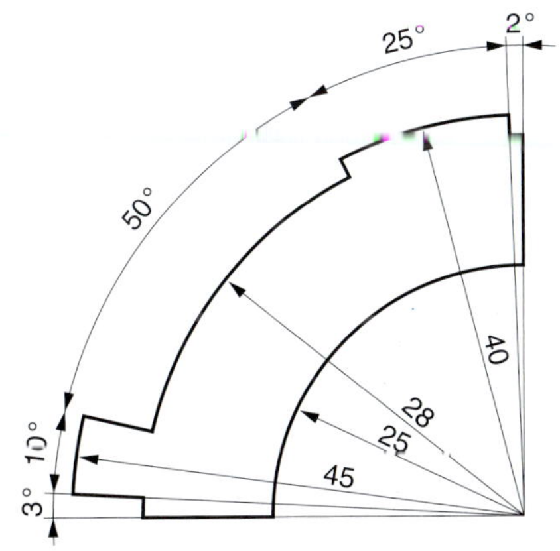

Figura 6.56.

3.5 Croquización

Se denomina croquis a la representación en proyecciones diédricas o en perspectiva de un objeto realizado a mano alzada y a lápiz, sin utilizar los instrumentos de dibujo (regla, compás, escuadra, etc.), en el que se han expresado todas sus formas y medidas (Fig. 6.59).

Obviamente, no es un dibujo a escala, pero sí se ha de trazar con unas magnitudes que guarden cierta proporcionalidad con las reales; se trata de realizar una representación aproximada a la realidad del objeto.

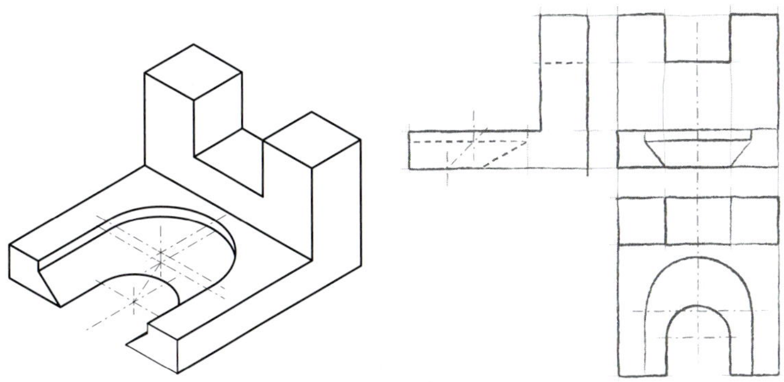

Figura 6.59.

Proceso de croquización

El croquis debe ser claro en su lectura y limpio en su representación, debiéndose hacer con rapidez. Para que estos objetivos se puedan conseguir, es conveniente aplicar los siguientes procedimientos en su desarrollo gráfico (Fig. 6.60):

1. Se ha de comenzar realizando un análisis visual meticuloso del objeto que se va a dibujar para determinar la elección de sus vistas más importantes.
2. Se distribuyen sobre el papel los elementos que se van a representar: ubicación de los ejes de simetría, encaje de vistas, uso del sistema diédrico o situación de la perspectiva que se va a utilizar.
3. Se realiza el trazado con diferentes gruesos de líneas para identificar aristas, ejes, etc.
4. Se analizan las acotaciones necesarias para determinar correctamente el objeto.
5. Se toman las magnitudes del cuerpo y se anotan numéricamente las cotas.

Una vez terminado el croquis, se pasan todas las formas, mediciones, construcciones, etc., a limpio sobre un papel adecuado y con tinta, trazándose todo ello a una escala determinada. El dibujo así obtenido se conoce con el nombre de **plano de taller** (Fig. 6.61).

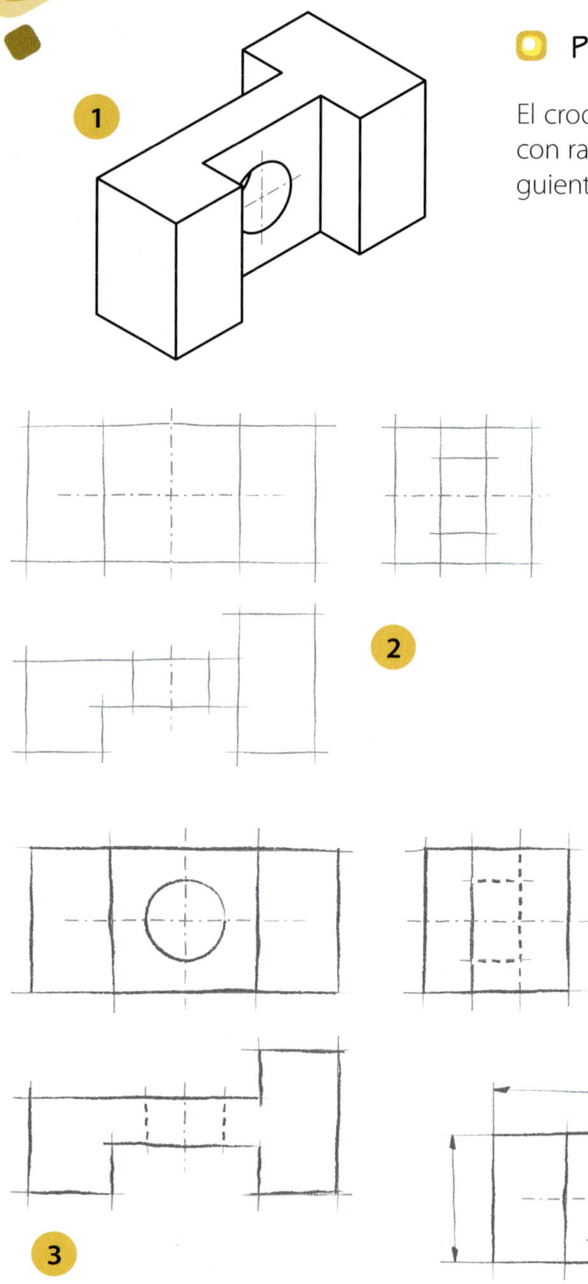

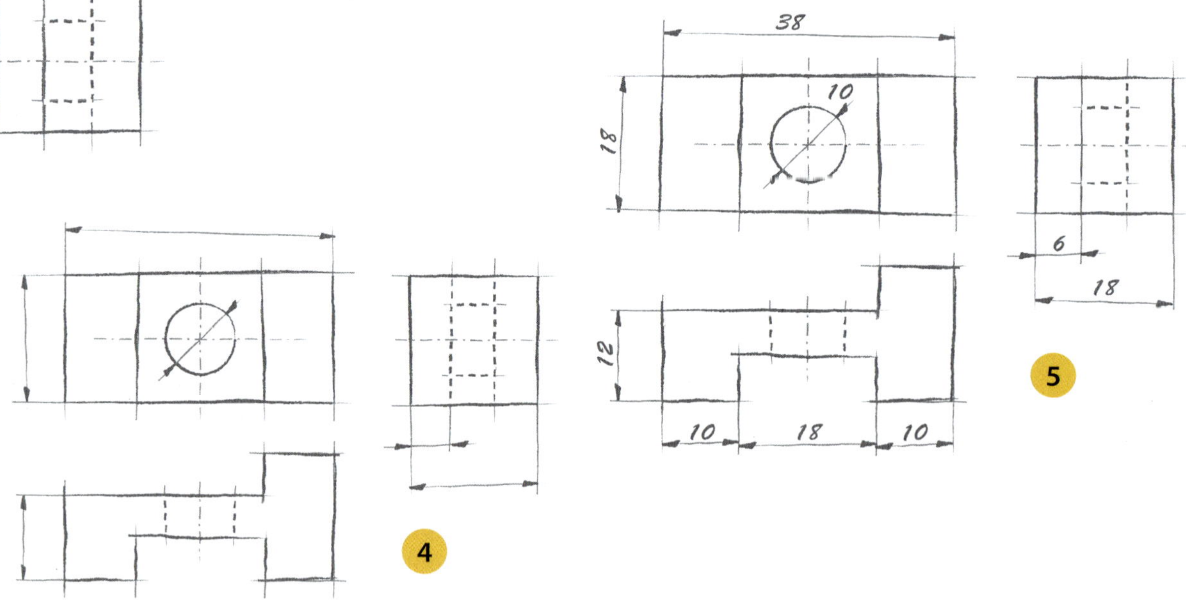

Figura 6.60.

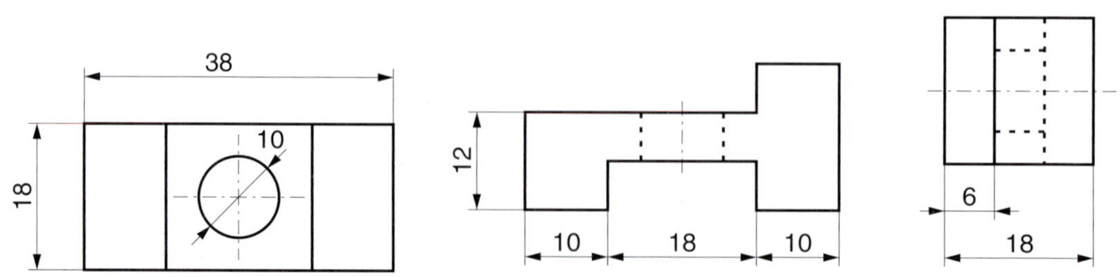

Figura 6.61.

Aplicaciones

El proyecto

El proyecto incluye una parte gráfica (planos) y la documentación escrita (memoria, cálculos y presupuestos).

Bocetos

Son dibujos rápidos que surgen de una idea (Fig. 6.62). Se realizan generalmente con lápiz blando, aunque también pueden emplearse otros materiales. En los bocetos se pueden incluir notas que hagan referencia a materiales o técnicas de trabajo. La diferencia entre el boceto y el croquis reside en que este último se emplea en el campo del diseño y de la plástica en general.

Figura 6.62.

Planos

Pueden ser de conjunto (por ejemplo una máquina) y de despiece (las distintas piezas que componen la máquina, Fig. 6.63). En ambos casos se incluirán las normas específicas, el material y las medidas.

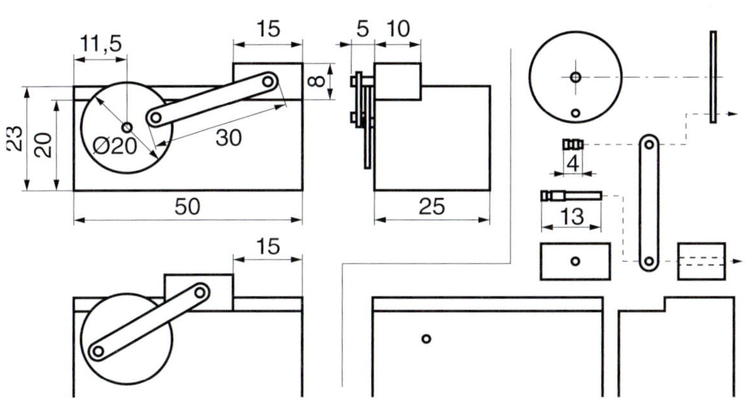

Figura 6.63.

El proyecto de construcción de un edificio se realiza de forma parecida. La parte gráfica incluye los planos de situación, de cimientos, de plantas, de estructura, cubierta, fachadas y secciones (Fig. 6.64).

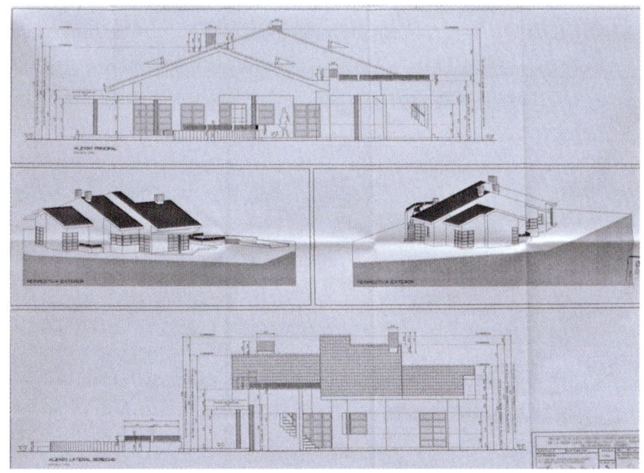

Figura 6.64

Pliego de condiciones

Es la parte escrita donde se incluye de manera pormenorizada una secuencia donde se especifican los materiales y el presupuesto previsto para la construcción del edificio o del objeto a realizar.

La maqueta

Si el boceto y el croquis son el primer paso en el proceso de creación o proyecto, la maqueta es el objeto tridimensional a escala que nos da una idea global del resultado que obtendremos con la obra definitiva (Fig. 6.65).

Figura 6.65.

Procedimientos y técnicas

Las nuevas tecnologías

Como ya es notorio, los útiles tradicionales de dibujo, como el lápiz, el cartabón, el compás o el papel pueden sustituirse en algunas aplicaciones por el binomio ordenador-programas CAD *(Computer Aided Design)*. Este tipo de programas permite realizar imágenes con total precisión técnica, necesarias para el dibujo técnico, y también permiten idear otras con la creatividad del trazo más sensible propias de la producción artística.

Tipos de programas CAD

Hay dos tipos de programas: los que utilizan píxeles (puntos en pantalla) y los que utilizan vectores en la realización de los dibujos.

- Los programas de **mapas de bits** utilizan los puntos de la pantalla. Los elementos dibujados se forman a través de la sucesión de puntos de un determinado color. Este tipo de programas se utilizan, preferentemente, para el dibujo artístico (Fig. 6.66), ya que al manipularlos pierden precisión.
- Los programas de gráficos **vectoriales** utilizan vectores para el trazado de los dibujos, evitando las alteraciones y la pérdida de precisión al manipular los elementos. Permiten transformaciones como la ampliación y la reducción, los giros, traslados, repeticiones, etc. Este tipo de programas es una herramienta muy útil para el dibujo técnico. Otra ventaja es el hecho de que siguen unas normas universales de representación e interpretación, utilizan escalas, acotaciones, etc. Algunos de los programas que ofrece el mercado y que poseen normalmente los centros de Secundaria son: AutoCAD®, Autosketch®, preferentemente utilizados para el dibujo técnico, y Frehand® o Illustrator® (Fig. 6.66), que son más adecuados para el diseño gráfico. Los cuatro utilizan el sistema de gráficos vectoriales.

Aplicaciones

Con los programas de tratamiento de imágenes fijas se pueden cambiar encuadres fotográficos, la intensidad de los colores (Fig. 6.68), modificar el brillo y el contraste, cambiar fondos, suprimir el efecto de «ojos rojos» provocado por la utilización del *flash*, realizar montajes fotográficos, etc.

Las posibilidades son inmensas, pero no hay que olvidar que se trata de herramientas y que, por tanto, hay que conocer a fondo su funcionamiento y aplicar la creatividad propia y los conocimientos plásticos aprendidos.

Algunos de los programas de tratamiento de imágenes son Paint Shop Pro®, PhotoDeluxe® y Photoshop®.

Figura 6.66.

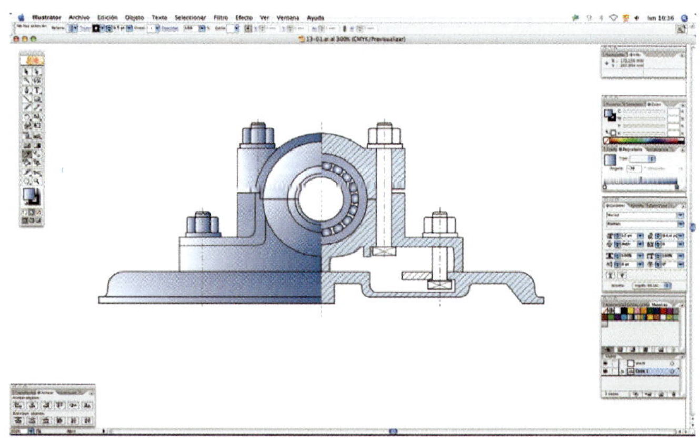

Figura 6.67.

Figura 6.68.

Actividades finales

Realización de croquis acotados

1. En sistema diédrico, realiza los croquis acotados de los sólidos de las figuras adjuntas (Fig. 6.69). Toma como alzado la vista que te indica la flecha; no obstante, puedes elegir otra si la ves más apropiada.

Recuerda que el objeto tiene que estar totalmente determinado con las vistas que elijas y su correspondiente acotación. Dibuja cada sólido en un papel milimetrado de formato A4 con lápiz de grafito HB o H.

2. Los croquis anteriormente realizados te van a servir de base para dibujar las vistas de los objetos a limpio, es decir, vas a elaborar los planos de taller a escala 3:4.

Usa para ello rotuladores normalizados para pasar a tinta; los grosores serán 0,25 para líneas de apoyo y 0,50 para los perfiles de las vistas; el papel deberá ser el apropiado.

3. Elige un objeto sencillo, por ejemplo un sacapuntas, y haz un croquis de él. A continuación, lleva a cabo todos los pasos que se te han indicado para realizar tanto la Actividad 1 como la 2.

a)

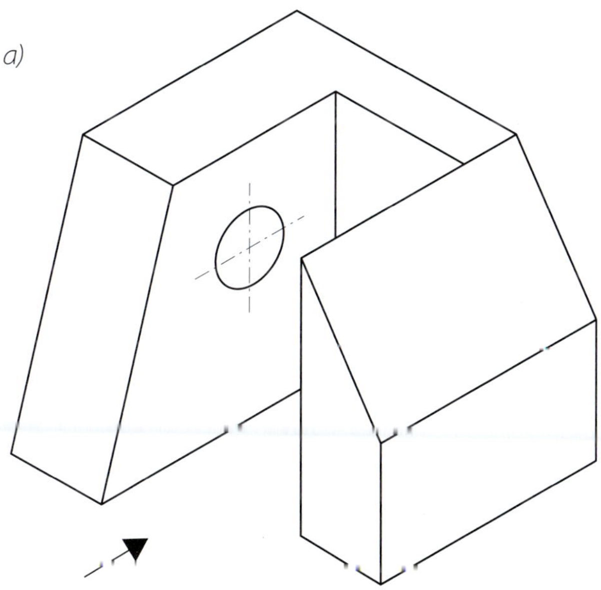

b)

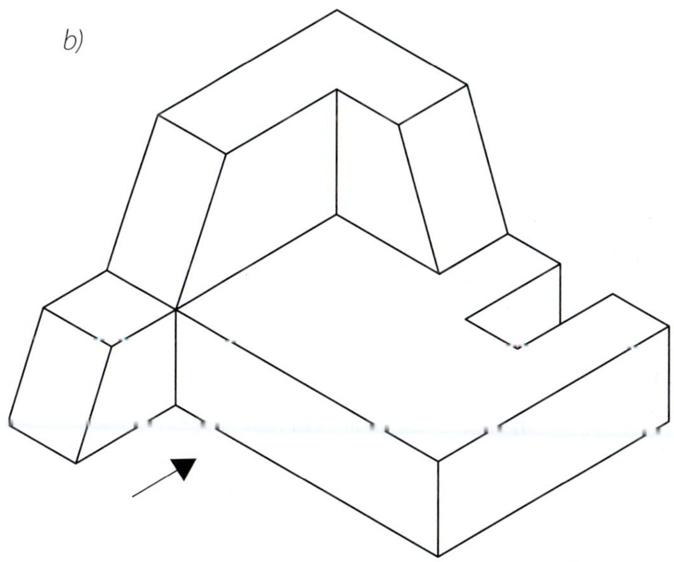

c)

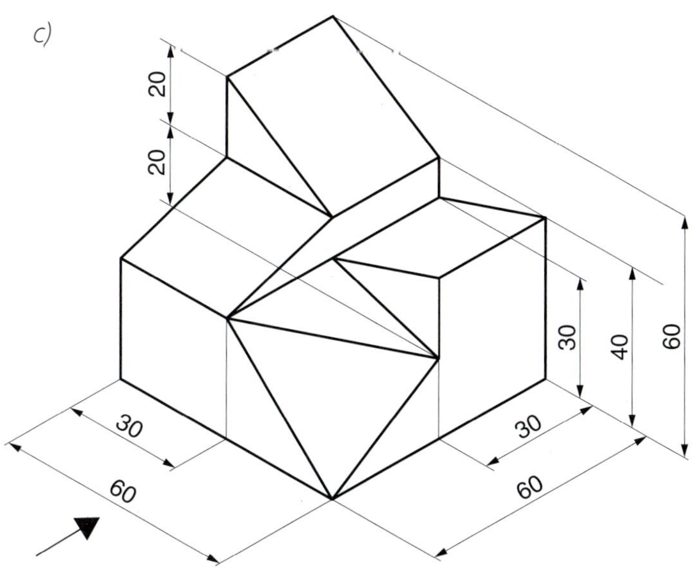

d)

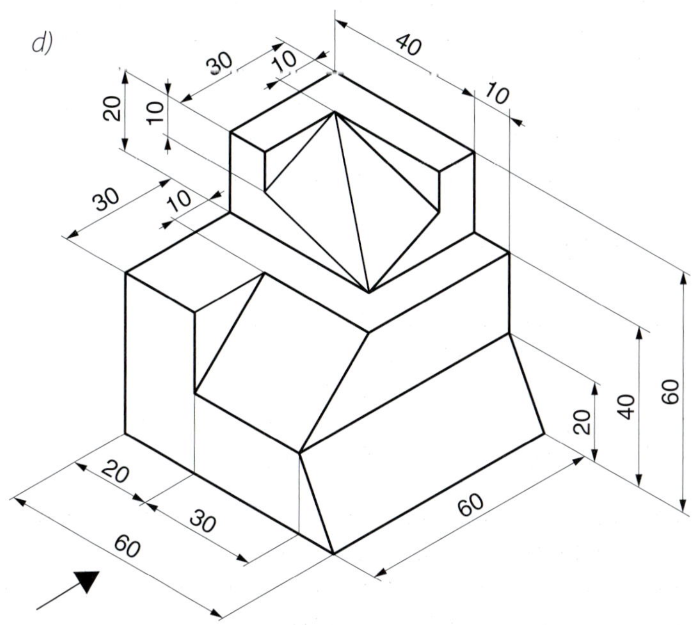

Figura 6.69.

Otras propuestas

Construcción de maquetas

Construye una maqueta a escala de tu habitación, que sea de volúmenes sencillos, sin entrar en detalles. Para ello deberás seguir el proceso siguiente:

- Medidas de la habitación y del mobiliario.
- Croquis acotado de los distintos volúmenes y boceto de conjunto.
- Elección de los materiales y herramientas adecuadas para su realización.
- Ejecución de la maqueta y acabados.

Observa en la imagen un ejemplo de maqueta terminada (Fig. 6.70).

Figura 6.70.

Realiza un ensamblaje

Esta actividad que te proponemos es para que la lleves a cabo en equipo. Organiza tu grupo de trabajo o deja que sea el profesor quien tome la decisión.

Recuerda que esta obra tiene que ser tridimensional y ha de estar formada por diferentes medios y materiales. Fijaos cómo Kurt Schwitters compone su obra titulada *El cuadro de los bolos, Merzbild 46* esa forma de trabajar os puede servir de ayuda para realizar vuestra composición plástica.

Análisis de esculturas

Elige tres esculturas que hayan sido realizadas entre mediados y finales del siglo XX. Analiza los materiales con los que están realizadas, e intenta identificar la técnica y los instrumentos utilizados en una de ellas.

Escultura de gran formato

Richard Serra es un escultor contemporáneo que se caracteriza por realizar esculturas de gran tamaño, como su obra *La sustancia del tiempo* (Fig. 6.71). Realiza un trabajo donde expongas, por escrito y en imágenes, lo que te parezca más significativo de su vida como artista, y comenta las tres obras suyas que más te hayan impactado.

Figura 6.71. Richard Serra, *La sustancia del tiempo.* Acero.

¿Qué has aprendido?

Completa en tu cuaderno

1. ¿Qué entendemos por normalización en dibujo técnico?
2. ¿Qué organismo regula en España la normalización?
3. Define el tipo de línea y sus aplicaciones:
   a) Gruesa llena:
   b) Fina llena:
   c) Gruesa de trazos:
   d) Fina de trazos:
   e) Fina de trazos y puntos:
   f) Fina llena a mano alzada:
4. Describe las siguientes escalas:
   a) Natural:
   b) Reducción:
   c) Ampliación:
5. ¿Cuáles son las diferencias entre el sistema europeo y el americano?
6. ¿Qué criterios has de seguir para la elección de vistas de un objeto?
7. ¿Qué se entiende por «croquizar»?
8. Describe con tus palabras los siguientes términos relacionados con la escultura:
   a) Instalación:
   b) Acoplamiento:
9. ¿Qué es en escultura el volumen exento?
10. ¿Qué diferencia hay entre bajo relieve, alto relieve y medio relieve?
11. Define los siguientes conceptos:
    a) Líneas auxiliares de cota:
    b) Flecha de cota:
    c) Cifra de cota: